菊地美穂子 著

最初からそう教えてくれればいいのに！

簿記のツボとコツがゼッタイにわかる本

［第2版］

秀和システム

●注意
(1) 本書は著者が独自に調査した結果を出版したものです。
(2) 本書は内容について万全を期して作成いたしましたが、万一、ご不審な点や誤り、記載漏れなどお気付きの点がありましたら、出版元まで書面にてご連絡ください。
(3) 本書の内容に関して運用した結果の影響については、上記(2)項にかかわらず責任を負いかねます。あらかじめご了承ください。
(4) 本書の全部または一部について、出版元から文書による承諾を得ずに複製することは禁じられています。
(5) 本書に記載されているホームページのアドレスなどは、予告なく変更されることがあります。
(6) 商標
本書に記載されている会社名、商品名などは一般に各社の商標または登録商標です。

はじめに

　本書は、簿記に初めて触れる方が楽しみながら学び、自然と簿記が身につくことを目指しています。

　初心者の頃の筆者は、仕訳、総勘定元帳、試算表、決算のつながりがわからず苦労しました。日商簿記検定3級を取得したものの自信を持つことができませんでした。

　あるとき、経理に携わる機会をいただき、そこで経験を重ねるうちに今まで点でしかなかった部分がやっと線でつながりました。

　その後、多くの生徒さんに簿記の授業を行いました。その際、簿記の流れをしっかり伝え、身近な取引から仕訳のルールを理解してもらうことで、無理なく暗記なく習得していただけました。そのエッセンスは第1章にも詰まっています。

　どうか第1章は自分が経営者になったつもりで、りりちゃん（本書の主人公のカエル）と一緒にじっくり取り組んでください。簿記の全体像をつかむことができるでしょう。今自分が何をしているのか、どこにいるのかがわかれば不安から解放されます。

　読者のみなさんが本書を読み終えたあと、「簿記が理解できた」と感じてもらえたらうれしいです。

●解答用紙をダウンロードして転記作業をしてみよう！

　簿記は、仕訳やＴフォームへの転記を実際に行ってもらうことで理解が深まります。ぜひ、手を動かしてください。練習問題もたくさん用意しました。ぜひ、取り組んでください。

　解答用紙は、以下のURLからダウンロードすることができます。ファイルはPDFで提供しております。お手数ですが、印刷してご使用ください。

http://www.liveway.net/boki2/book/index.html

最初からそう教えてくれればいいのに！

簿記のツボとコツがゼッタイにわかる本

[第2版]

Contents

第1章　1期目　簿記の流れを理解しよう

1　株式会社設立..14
- りりちゃんの準備..14
- 株式会社とは？　株式とは？..15
- 株式会社設立の手続きって？..16
- 会社の普通預金口座を作ろう..16

2　複式簿記による帳簿作成の流れ..18
- 複式簿記って？..18
- 貸借対照表ってなに？..18
- 損益計算書ってなに？..20
- 会計期間とは？..22
- 簿記の流れって？..23

3　仕訳と転記..24
- 簿記における取引とは..24
- 簿記に必要な5大カテゴリーの特徴とは..24
- 取引を仕訳帳に記帳する..26
- 仕訳帳から総勘定元帳へ転記する..30

4　店舗を開店したら？　資本金　普通預金　現金..33
- 出資金が払い込まれた時　資本金　普通預金..33
- 普通預金口座から現金を引き出した時　普通預金　現金..34
- 仕訳腕試し..35

5 店舗で使用する高額な物品を購入したら？ 備品 37
- 商売に必要な物品を購入する　備品 38

6 販売する商品を購入したら？ 39
- 販売する商品を仕入れる　仕入 39

7 広告を利用したら？　広告宣伝費 41
- 広告を利用する　広告宣伝費 41

8 商品が売れたら？ 43
- 商品を売り上げた　売上 43

9 収入印紙って？　租税公課 47
- 収入印紙を購入した　租税公課 47

10 家賃、駐車場代、水道代、電気代、電話代、会費などの支払いって？ 支払家賃　支払地代　水道光熱費　通信費　諸会費　支払手数料 .. 49
- 2月分請求書の内容と使用勘定科目 49

11 役員に報酬を支払ったら？　役員報酬 53
- 取締役に月額報酬を支払う　役員報酬 53
- 第1章　腕試し1 54

12 総勘定元帳の記入って？ 55
- 仕訳を総勘定元帳に転記する 55
- 転記のルール 56
- 第1章　腕試し2 60

13 Tフォームの見かたって？ 61
- Tフォームに転記した取引を読みとる 61

14 Tフォームの集計って？ 66
- Tフォームを集計しよう 66

15 Tフォームの記入に間違いはない？　試算表って？ 69
- 試算表の種類 69
- 合計残高試算表を作成しよう 70

- なぜ試算表の貸借が一致するのか 71
- 第1章 腕試し3 73

16 締切と繰越って？ 74
- 締切と繰越 74

17 出張したら？ 仮払金 旅費交通費 77
- 用途未定の現金を会社から持ち出す 仮払金 77
- 仮払金を精算する 旅費交通費 78

18 普通預金に利息がついていたら？ 受取利息 82
- 利息を受け取った 受取利息 82

19 商品代金として小切手を受け取ったら？ 現金 83
- 他社振り出しの小切手を受け取った 現金 83

20 店舗で使用する少額な物を購入したら？ 消耗品費 雑費 85

21 あれ？ 現金残高が帳簿と合わない！ 現金過不足 87
- 現金残高が帳簿と合わない 現金過不足 87

22 現金過不足の原因が判明したら？ 90
- 現金過不足の原因が判明した時 90
- 第1章 腕試し4 92

23 決算 93
- 決算手続きの流れ 93
- 決算予備手続き Step1 主要簿と決算整理前残高試算表の検証 ... 94
- 決算予備手続き Step2 決算整理事項のまとめ 94
- 決算予備手続き Step3 決算整理仕訳とTフォームへの転記 95
- 決算予備手続き Step4 決算整理後残高試算表の作成 107
- 決算予備手続き Step5 精算表の作成 108
- 決算本手続き Step1、2 総勘定元帳の費用・収益勘定の締切
  決算振替仕訳 損益 繰越利益剰余金 117
- 決算本手続き Step3 総勘定元帳の資産・負債・資本勘定の締切と
  繰越 繰越試算表 123
- 決算本手続き Step4 損益計算書の作成 損益 127

- 決算本手続き Step5　貸借対照表の作成　繰越試算表 129

第2章　2期目　より多くの取引を覚えよう

1　今後の取引と仕訳について 134
- 仕訳のポイント 134

2　期首の主要簿はどうなっているの？ 135
- 期首の仕訳帳 135
- 期首の総勘定元帳（資産・負債・資本の諸勘定） 136
- 貯蔵品勘定から租税公課勘定へ振替える　再振替仕訳 136

**3　当座預金口座って？　定期預金口座って？
　　当座預金　定期預金** 139
- 当座預金口座を開設する　当座預金 139
- 定期預金口座について 140

4　小切手を振り出したら？　当座預金 142
- 小切手の振り出し　当座預金 142
- 当座借越契約 145

5　株主総会って？　繰越利益剰余金　利益準備金　未払配当金 147
- 利益剰余金の配当と処分
  繰越利益剰余金　利益準備金　未払配当金 147

6　仕入れた商品の代金を後払いにしたら？　買掛金 150
- 掛けで仕入れる　買掛金 150
- 掛け代金を支払う 151

7　売り上げた商品の代金を後日うけとることにしたら？　売掛金 ... 153
- 掛けで売り上げる　売掛金 153
- 掛け代金を受け取る 153

8　売上時にクレジットカードを提示されたら？　クレジット売掛金 ... 155
- クレジットカードの扱い 155
- クレジットカードで決済を受けた時　クレジット売掛金 155

7

9　社用車（有形固定資産）を購入したら？　車両運搬具 157
- 社用車を購入した時の処理　車両運搬具 157

10　自動車保険に加入したら？　支払保険料 159
- 保険料の支払い　支払保険料 159

11　従業員を雇って給料を支払ったら？　給料　預り金　法定福利費 160
- 給料を支払う　給料　預り金 160
- 社会保険料や税金を納付する　法定福利費 161

12　従業員の支払いを立て替えたら？　従業員立替金 164
- 従業員の支払いを一時的に立て替えた　従業員立替金 164
- 従業員から立て替え金の返済を受けた 164

13　約束手形で支払ったら？　支払手形 166
- 約束手形とは 166
- 約束手形を振り出した　支払手形 167
- 振り出した約束手形が支払期日に決済された 168

14　約束手形を受け取ったら？　受取手形 169
- 他社振り出しの約束手形を受け取る　受取手形 169
- 受け取った約束手形が支払期日に入金された 169
- 第2章　腕試し1 171

15　得意先が倒産したら？　貸倒損失 172
- 回収不能な売上債権の処理　貸倒損失 172
- 処理済みの債権が当期に回収できた時 173

16　商品の返品があったら？　売上戻り　仕入戻し 174
- 返品の処理　売上戻り 174
- 返品の処理　仕入戻し 175

17　注文時に手付金を支払ったら？　前払金 177
- 手付金を支払った　前払金 177
- 手付金支払い後に商品を仕入れる 178

18 注文を受けた時に手付金を受け取ったら？　前受金 180
- 手付金を受け取った　前受金 180
- 売上げ時の前受金の処理 181

19 仕入時にその他費用を支払ったら？　立替金 183
- 仕入諸掛　当社負担 183
- 仕入諸掛　先方負担　立替金　買掛金と相殺 184

20 売上時にその他費用を支払ったら？　発送費 186
- 売上諸掛　当社負担　発送費 186
- 売上諸掛　先方負担　立替金　売掛金と相殺 187

21 後払いで備品を購入したら？　未払金 189
- 後払いで備品を購入した　未払金 189
- 未払金を支払った 189

22 古い備品を売却したい　現時点の価値は？ 191
- 固定資産の現時点の価値 191

23 代金を後で受け取る約束で備品を売却したら？
未収入金　固定資産売却益 193
- 備品の売却処理　減価償却費　未収入金　固定資産売却益 193
- 代金を受け取った 196
- 第2章　腕試し2 196

24 お金を借りたら？　借入金　手形借入金　支払利息 197
- 借用証書を交わしてお金を借りる　借入金 197
- 借入金の返済と利息の支払い　支払利息 198
- 約束手形を振り出してお金を借りる　手形借入金 199
- 手形借入金の返済と利息の支払い 199

25 お金を貸したら？
貸付金　手形貸付金　従業員貸付金　役員貸付金 202
- 借用証書を交わしてお金を貸す　貸付金 202
- 貸付金の返済と利息の受け取り　受取利息 203
- 約束手形を受け取ってお金を貸した　手形貸付金 204

9

- ●手形貸付金の返済と利息の受け取り 204
- ●従業員や役員にお金を貸した　従業員貸付金　役員貸付金 205

26 土地と建物（有形固定資産）を購入して運用したら？
土地　建物　受取家賃　受取地代　受取手数料　差入保証金 206
- ●土地の購入　土地 206
- ●建物の購入　建物 206
- ●固定資産税の支払い　租税公課 207
- ●土地を賃貸する　受取地代 207
- ●倉庫の修理と改修　修繕費　建物 208
- ●建物を賃貸する　受取家賃 208
- ●手数料の受け取り　受取手数料 209
- ●建物の賃借で敷金を支払う　差入保証金 209

27 小口現金って？　小口現金 211
- ●小口現金　定額資金前渡制度 211

28 増資したら？ 214
- ●会社設立後に増資する 214
- ●第2章　腕試し3 214

29 電子記録債権・債務の使い方って？
電子記録債務　電子記録債権 215
- ●電子記録債権・債務とは 215
- ●債務者側の電子記録債務の取引　電子記録債務 215
- ●債権者側の電子記録債権の取引　電子記録債権 217

30 預金口座に不明な入金があったら？　仮受金 219
- ●内容不明な入金　仮受金 219
- ●入金理由が判明した 220

31 売上代金として商品券を受け取ったら？　受取商品券 221
- ●売上時に商品券を受け取った　受取商品券 221
- ●商品券を換金する 221

32 仕訳を間違えたら？ 223
- 訂正仕訳 223
- 第2章 腕試し4 225

33 決算 226
- Step1 決算整理事項のまとめ 226
- Step2 決算整理仕訳 229
- Step3 精算表の作成 259
- Step4 精算表から決算書を作成しよう 262

第3章　その他の取引と様々な帳簿

1 消費税の扱いって？　税抜方式
仮払消費税　仮受消費税　未払消費税 268
- 消費税のしくみ 268
- 消費税込みの支払いを仕訳する　仮払消費税 268
- 消費税込みの売上を仕訳する　仮受消費税 270
- 決算　消費税額の計算　税抜方式 270

2 消費税の扱いって？　税込方式 274
- 支払金額や売上金額に含まれる消費税を税込方式で仕訳する 274
- 消費税額の計算　税込方式 275

3 法人税の扱いって　仮払法人税等　法人税等　未払法人税等 279
- 法人にかかる税金　仮払法人税等　法人税等　未払法人税等 279

4 証ひょうから仕訳をおこすには？ 281
- 仕入や物品の購入時に販売者から受け取る証ひょう 281
- 商品の販売時に得意先に渡す証ひょう 283
- その他の証ひょう 284

5 三分法と分記法って？　商品　商品売買益 289
- 三分法とは 289
- 分記法とは 289
- 三分法と分記法の比較 290

11

6 伝票や仕訳日計表って？ 292
- 3伝票制（入金伝票・出金伝票・振替伝票） 292
- 伝票の使い方を工夫する　一部が現金取引の場合 294
- 伝票をまとめる仕訳日計表 296

7 仕訳帳や総勘定元帳のフォーマットは？ 299
- 仕訳帳 299
- 総勘定元帳のフォーマット 301

8 補助記入帳って？ 302
- 補助記入帳の役割 302
- 現金出納帳 302
- 当座預金出納帳 304
- 仕入帳 305
- 売上帳 306
- 受取手形記入帳 306
- 支払手形記入帳 307
- 小口現金出納帳 308

9 補助元帳って？ 310
- 補助元帳の役割 310
- 買掛金元帳（仕入先元帳） 310
- 売掛金元帳（得意先元帳） 311
- 商品有高帳 312
- 固定資産台帳 314

　　　索引 316

第1章
1期目 簿記の流れを理解しよう

株式会社設立

 先生！ 私、雑貨を販売する会社を設立します。文房具やキッチン雑貨、インテリア雑貨に衣類まで、生活がより心地よくなるようなアイテムを提供していきたいと思います

 りりちゃん　おめでとう。事業形態は株式会社にするんだね。ところで資金の調達や店舗の準備はできているの？

りりちゃんの準備

株式会社設立にあたり、りりちゃんは以下のように考えています。

●資金調達
・事業計画に基づき、開業資金、運転資金などを検討したところ、500万円が必要となった。この資金は出資で賄う。

●店舗
・貸店舗を賃借した。賃借料は月額30,000円。
・店舗隣の敷地を駐車場として賃借した。賃借料は月額10,000円。

●その他
・社名は「floglife株式会社」。店舗名は「floglife」。
・りりちゃんが取締役社長。報酬は月額20万円（1日～月末）で月末支払い。
・その他設立の準備は整っている。

株式会社とは？　株式とは？

事業を行うには資金が必要ですが、自己資金だけでは足りない場合に、他人から資金提供が受けられたらありがたいですね。これを実現できるのが株式会社という形態です。必要資金の提供を受けたら見返りに株式という証券を発行します。

「私の会社に出資してください。お金と引き換えに株式を渡します。株式を持っているあなたはこの会社の株主（会社の所有者の一人）になれます。もし会社が儲かれば配当金を差し上げます」って言ったら兄が100万円出資してくれました。　うふふ

会社に資金提供することを出資といい、出資した人を出資者といいます。出資者からの資金を元に事業活動を行った結果、利益が生じた場合に株式を持っている人には配当金が支払われます。

floglife㈱の場合、必要資金500万円は、りりちゃんと兄が出資しました。よって、1株1万円の株式500株を、りりちゃんには400株、兄には100株渡します。これによりfloglife㈱は500万円を元手に事業を始めることができます。

取締役のりりちゃんが経営手腕を発揮し、会社が利益を得られた場合、株を持っているりりちゃんと兄に、株数に応じて配当金が支払われます。会社が毎年多くの利益をあげることができれば、その分たくさんの配当金を払うことができます。

このように、株式会社は株主からの出資で成り立っており、株式によって出資者にもメリットがあります。

―＜補足＞―
株式会社への出資について
・金銭以外にも土地や建物といった現物で出資することができます。
・実際は、出資者を募るのはとても難しいので、会社を設立する人が自己資金を出資するケースがほとんどです。
・株式会社が出資以外で資金調達する方法は、銀行からの融資（借り入れ）などがあります。

株式会社設立の手続きって？

ざっくり言うけど、定款の作成・認証、登記、その他各種届出が必要だよ

　株式会社は法人ともいい、法律によって人と同じように権利と義務を持った存在、つまり人格を与えられた組織です。よって設立までにはいくつもの手続きが必要になります。主な手続きだけ紹介します。まず会社の目的やルールなどを定めた定款というものを作成し、公証役場という機関でチェックしてもらい認めてもらいます。次に法務局で会社情報を登録し、一般社会に公表します。これで社会的に存在を認められます。またその他各行政機関への届け出も複数行います。このように株式会社は、いくつもの申請や手続きを経て設立されるので、初めから社会的信用度が高くなります。

＜補足＞
・実際の会社設立の手続きは、少々敷居が高いため司法書士や行政書士に依頼することが多く、費用も数十万円かかります。

＜補足＞
個人事業主として事業を始める場合は、最寄りの税務署に出向き、「開業届出書」を提出します。

会社の普通預金口座を作ろう

今日はＸ６年２月５日。floglife株式会社の設立日です！

それでは法人用の普通預金口座を開設しよう

　会社設立後に法人専用の預金口座を開設することができます。りりちゃんは、さみだれ銀行に会社名義で普通預金口座を開設しました。

―<補足>―
個人事業主の場合も、事業専用の口座を開設したほうがいいでしょう。事業と個人のお金をきちんと区別することで資金管理が容易になります。名義は個人名か屋号（店の名前）を指定できます。

会社経営で必要不可欠なこと、それはお金の流れの把握と管理だよ。そのために帳簿をきちんとつけることが大事だよ

経理業務のことですね。なるほど。ところで誰が担当するの？

社員がいないのだから君しかいないでしょ。簿記をしっかり教えるからね

簿記の世界へようこそ。ですね

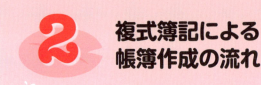

会社の帳簿は、複式簿記という記録方法に従って記入していくんだよ。最終的に決算書を作成することが簿記の目的なんだ

複式簿記って？

　複式簿記は会社のお金の流れや管理をするための帳簿記入技術のことです。帳簿に記入すべき事柄を、二つ以上の構造ととらえて勘定科目という専門用語を使って記入していきます。簿記の目的は決算書の作成です。決算書とは、**貸借対照表**と**損益計算書**のことです。

貸借対照表ってなに？

　貸借対照表とは、ある日付時点の会社の財産と資金の調達状況がわかる表です。次の図が貸借対照表の例です。どのように経営資金を調達し、どのような財貨（金銭や金銭価値がある物や証券のこと）で持っているかが一目瞭然です。次の図の表を真ん中で区切り、左右に分けて見ましょう。

▼貸借対照表の一例

貸借対照表
X6年12月31日現在

資産	金額	負債及び純資産	金額
現　　　　金	700,000	借　　入　　金	500,000
普　通　預　金	1,600,000	資　　本　　金	2,000,000
備　　　　品	200,000		
	2,500,000		2,500,000

合計　　　　　　　　　　　　　合計

左側　　　　　　　　　　　　　右側
調達した資金の保有形態　　　　資金の調達方法

右側の「負債及び純資産」という見出しは、資金の調達方法です。「負債」は他人からの借入れ、「純資産」は出資者が提供してくれた資金を表しています。

　左側の「資産」の項目は、調達した資金の保有形態です。「資産」は金銭をはじめ、金銭価値のある物品などのことです。

　図の場合は、右側の情報から、「借入金（借金のこと）が50万円」と「資本金（株式と引き換えに提供されたお金のこと）が200万円」で、合計250万円を調達していることがわかります。

　そして左側の情報から、現金、預金、備品（例えば高価な事務机や陳列棚）などを合計で250万円保有していることがわかります。

　このように左側の合計と右側の合計は必ず一致します。

▼貸借対照表の構造

左（借方）	右（貸方）
資産 金銭や金銭価値のあるもの	**負債** 他人からの借り入れによって調達した資金
	資本（純資産） 出資によって調達した資金やお店の利益

いいかい、会社の資産は、出資金もしくは他人から借り入れたお金で調達されているんだ。会社がどんな資産を持っていて、それらがどのように調達されているのか、それが一目瞭然にわかるのが貸借対照表なんだよ

経営者にとって大切な資料だわ

損益計算書ってなに？

損益計算書とは、一定期間の営業活動で得た収入と支出の差額から会社が儲かったかどうかが分かる表です。会社の成績表と捉えてください。

▼損益計算書の一例

損益計算書

XX年1月1日からXX年12月31日まで

費用	金額	収益	金額
売上原価	1,500,000	売上高	1,950,000
支払家賃	35,000	受取利息	500
水道光熱費	12,000		
通信費	8,500		
消耗品費	2,500		
旅費	22,500		
当期純利益	370,000		
	1,950,500		1,950,500

支出 1,580,500円
収入と費用の差額
合計
収入 1,950,500円

　この表も真ん中で区切り、左右に分けて見ます。右側の「収益」の項目は、会社の収入の種類です。左側の「費用」の項目は、収入を得るためにかかった経費の種類です。そして収益から費用を引いた額（上の図では37万円）が会社の利益（儲け）になり、「当期純利益」として、費用の一番下に記入されます。これにより、この表も左右の合計が一致します。
　ちなみに、収益から費用を引いた結果がマイナスの場合はいわゆる赤字となり、「当期純損失」として、収益（つまり右側）の一番下に記入されます。

▼利益が出た時と損出が出た時の違い

●利益が出た場合

左（借方）	右（貸方）
費用 会社が収入を得るためにかけた経費	**収益** 会社の収入
利益	

収益＞費用の場合は差額が利益になる

●損失が出た場合

左（借方）	右（貸方）
費用 会社が収入を得るためにかけた経費	**収益** 会社の収入
	損失

収益＜費用の場合は差額が損失（赤字）になる

会社の利益計算ができる損益計算書は、今後の方針を決めるためのヒントがたくさん載っているんだよ。会社は利益を出さないと維持ができないんだ。利益を出すために経営者は最良の経営計画を立てるんだ

貸借対照表だけでなく、損益計算書も重要ですね

チェック

・会社の財産状況は「貸借対照表」で分かります。英語でBalanse Sheet（略してB/S）と言います。
・会社の儲けは「損益計算書」で分かります。英語でProfit and Loss Statement（略してP/L）と言います。
・これらをまとめて決算書または財務諸表と言います。

会計期間とは？

　会社の財産や損益の計算は、ある一定期間に区切って行われます。この期間を「会計期間」といいます。原則1年間です。期間の開始日を「期首」、終了日を「期末」といいます。
　そして現在の会計期間を「当期」、前年は「前期」、翌年は「次期（来期）」といいます。
　期末を迎えたら決算書（貸借対照表と損益計算書）を作成します。

floglife㈱は、4月1日から翌年3月31日を会計期間にしたんだね。すると当期は、X6年2月5日〜X6年3月31日までの2カ月ということになるね

そうです。ところで会計期間中は何をすればいいんですか？

日々の会社の活動をきちんと記録していくんだ。そして定期的にまとめて集計をするんだ。そうすると貸借対照表と損益計算書が作成できるんだ

何に記録すればいいんですか？　ノート？

専用の帳簿があるんだよ

簿記の流れって？

簿記は期首から期末までの活動を所定のルールに従って記録し、期末を迎えたら決算書を作成します。決算書を作成する作業を**決算**と言います。

▼簿記の流れ

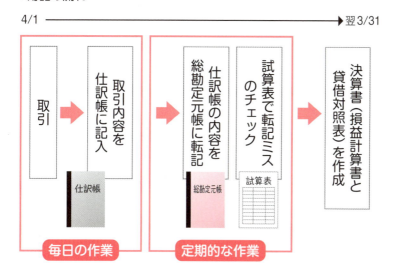

さて、簿記は毎日の取引を仕訳帳に記入することから始まります。そして定期的に仕訳帳の内容を総勘定元帳に転記（書き写すこと）します。さらに試算表を作成して転記ミスのチェックを行います。期末には決算処理を行い決算書を作成してゴールとなります。この一連の作業を毎年繰り返すのが簿記なのです。

ここが重要

仕訳帳に記入することを「仕訳」といいます。
仕訳を総勘定元帳に書き写すことを「転記」といいます。
仕訳と転記のルールを覚えることがとても重要です。

3 仕訳と転記

簿記で重要なのは仕訳と転記だ。この2つのエッセンスをここで紹介しよう

分かりやすくお願いします

簿記における取引とは

　先に、簿記は毎日の取引を仕訳帳に記入することから始まるといいましたが、簿記における「取引」とは、**「資産、負債、資本（純資産）、費用、収益」という5大要素が増減する活動のこと**です。この5大要素は、じつは貸借対照表と損益計算書の見出しに使われていました。

　さて、これらの5大要素は、取引内容を仕訳帳に記帳する際に使う「勘定科目」のカテゴリーになります。本書では5大カテゴリーという表記を使います。

　勘定科目はたくさん登場します。これらを覚えないと仕訳はできません。5大カテゴリーの特徴を理解すると勘定科目が覚えやすくなります。

簿記に必要な5大カテゴリーの特徴とは

それぞれの特徴をイメージとともにしっかり覚えよう

カテゴリー	特徴	イメージ
資産	・現金や預金などの金銭 ・1年以上使用できる金銭価値のある物品・設備 ・他人に預けた金銭、貸した金銭	・増えるとうれしい ・売れる物だからうれしい ・後で返ってくるからうれしい

負債	・借金 ・他人から預かった金銭	・後で返さなければならない ・気が重い
資本 (純資産)	・出資金 ・利益	・自由に使える
費用	・事業活動に必要な支出 ・1年未満で使い果たす少額な支出	・支払う ・勘定科目に「費」とつく
収益	・収入	・利益のもと ・商品が売れること

特徴やイメージをしっかりつかんでほしい。そのうえで、それぞれのカテゴリーの位置を覚えてほしい

位置？　位置があるの？

簿記は、増減を表すのに決算書の位置を使うんだ

▼貸借対照表と損益計算書における5大カテゴリーの位置
●貸借対照表

左（借方）	右（貸方）
資産	負債
	資本（純資産）

●損益計算書

左（借方）	右（貸方）
費用	収益

資産と費用は左、負債と資本と収益は右です。これが基本の位置です。この位置を覚えましょう。

この位置は、それぞれのカテゴリーに属す勘定科目の金額が増加または発生※するときの位置のことなんだ

増加や発生したときの位置なんですね。では、勘定科目の金額が減った時は？

いい質問だ。その時は、左右の位置が反転する。つまり、資産と費用が右、負債と資本と収益は左になる。が、基本の位置さえ覚えておけば大丈夫だ

これを覚えると仕訳ができるようになるのね

※本書では、収益と費用に関しては、増加ではなく発生と表現します。

取引を仕訳帳に記帳する

仕訳帳への記帳は次の3ステップで考えます。

1. 取引内容を会社の立場から見て、結果※→原因の順にイメージする
2. イメージを勘定科目に置き換える
3. 勘定科目が属すカテゴリーと左右の位置を確認して記帳する

※会社の立場からみて現金が増えたり減ったりすることを結果と捉えてください。

では、実際に取引を仕訳してみましょう。

例題で確認

例 X月X日、お客様が30,000円の商品を現金で購入した。

ステップ1

X/X	結果：会社の現金が30,000円増加した
	原因：なぜなら、30,000円の商品が売れたから

⬇ 勘定科目に置き換える

ステップ2

X/X	結果：**現金** 30,000円増加した	資産
	原因：**売上**が30,000円発生した	収益

⬇ カテゴリーと左右を確認して仕訳帳へ記帳

ステップ3

仕訳帳 〔仕訳完成〕

X6年		左		右	
2	5	現金	30,000	売上	30,000

資産に属す 増えたら左　　収益に属す 発生したら右

資産	負債
	資本

増えた時の位置
減ったら逆

費用	収益

発生した時の位置
取り消したら逆

　現金を表す勘定科目は**現金**です。5大カテゴリーのイメージに当てはめると、増えると嬉しいので資産カテゴリーに属します。資産カテゴリーの基本の位置（増えたときの位置）は左でしたね。従って、この取引では会社に現金が30,000円増えているので仕訳帳の左側に記帳します。

　商品の売り渡しを表す勘定科目は**売上**です。イメージに当てはめると収益カテゴリーに属します。基本の位置（発生したときの位置）は右でしたね。従って、売り上げが30,000円発生しているので仕訳帳の右側に記帳します。

やったー。初めての仕訳ができたわ

よしよし。もう一つ例題を出すよ

例題で確認

例 X月X日、お客様に販売する商品20,000円を卸売業者から購入した。代金は現金で支払った。

ステップ1

X/X	結果：会社の現金が20,000円減少した
	原因：なぜなら、20,000円の商品を購入したから

勘定科目に置き換える

ステップ2

X/X	結果：**現金**20,000円減少した	資産
	原因：**仕入**が20,000円発生した	収益

カテゴリーと左右を確認して仕訳帳へ記帳

ステップ3　仕訳帳　　　　　　　　　　　　仕訳完成

X6年	左		右	
2　5	仕入	20,000	現金	20,000

費用に属す 発生したら左　　資産に属す 減少したら右

資産	負債
	資本

増えた時の位置
減ったら逆

費用	収益

発生した時の位置
取り消したら逆

　現金を表す勘定科目は「現金」でしたね。基本の位置（増えたときの位置）は左です。さて、会社から見ると現金が20,000円減っています。減っているときは基本の位置の逆側つまり右側に記帳します。

　お客様に販売する商品を購入したときは**仕入**という勘定科目を使います。事業活動に必要な支出なので費用カテゴリーに属します。基本の位置（発生したときの位置）は左です。今回、仕入が発生しているので仕訳帳の左に記帳します。

> 今回の2つの例題に出てきた現金に注目しよう。現金が増えた時は仕訳帳の左に記帳したね。現金が減った時は右に記帳したね。左に記帳するか右に記帳するかどうかで現金の増減を表現しているんだよ

ふむふむ

簿記では、減ったからと言ってマイナスの記号をつかわない。左右の位置で増えたか減ったかを判断するんだ

5大カテゴリーの位置を覚えておけば、勘定科目を左右どちらに記帳したらいいのかが分かるんですね。それは大事ですわ

そうそう

ところで先生、ひとつ疑問が。仕訳が左右のどちらかに偏ることはあるんですか?

それは絶対にない。必ず左右両方に記帳される。そして左の金額と右の金額も必ず一致するんだ。そもそも1つの取引を2つの側面からとらえているのだから

これが仕訳のルールなんですね。ところで仕訳はいつ行うんですか?

取引があったら、取引が起こった順に仕訳をするんだよ

てことは、毎日仕訳するんですね

今回登場した「現金」、「売上」、「仕入」という勘定科目は会社の販売活動において頻繁に使われる。覚えておこう

> **ここが重要**
> ・取引は、結果と原因の２つの側面でとらえる
> ・仕訳帳へは、勘定科目と金額を記帳する
> ・勘定科目は５大カテゴリーのいずれかに属す
> ・勘定科目が増加（発生）したら、基本の位置に従って左もしくは右に記帳する
> ・勘定科目が減少したら、基本の位置の逆側に記帳する
> ・仕訳は必ず左右両方に記帳される
> ・仕訳は必ず左右両方の金額が一致する

仕訳帳から総勘定元帳へ転記する

仕訳はあくまでも日々の取引の記録にすぎません。

たとえば今、会社に現金はいくらあるのか、今日までどのくらい売上げているのか、そういったことを知りたいときに、いちいち仕訳帳を見ながら電卓をたたいて計算することになります。これでは面倒ですね。そこで「総勘定元帳」という帳簿を作るとこれらが一目瞭然となります。

総勘定元帳は、仕訳が勘定科目ごとに集計された帳簿のことだよ。総勘定元帳を作るには仕訳を転記（書き写す）すればいい

27ページの例題の仕訳を総勘定元帳に転記すると次の図のようになります。仕訳の左は現金30,000円です。総勘定元帳の現金ページの左側に30,000円を転記します。仕訳の右は売上30,000円です。総勘定元帳の売上ページの右側に30,000円を転記します。

仕訳の左右の位置が転記先の左右の位置と一致します。

▼27ページの例題の仕訳の転記

月	日	左		右	
x	x	現金	30,000	売上	30,000

現金ページの**左**側に **30,000**を記帳

売上ページの**右**側に **30,000**を記帳

左	現金	右
30,000		

左	売上	右
		30,000

総勘定元帳　現金ページと売上ページ

28ページの例題の仕訳は次の図のように転記します。

▼28ページの例題の仕訳の転記

月	日	左		右	
x	x	仕入	20,000	現金	20,000

仕入ページの**左**側に **20,000**を記帳

現金ページの**右**側に **20,000**を記帳

左	仕入	右
20,000		

左	現金	右
30,000		20,000

総勘定元帳　仕入ページと現金ページ

転記は極めて機械的な作業です。左右を間違えないように転記しましょう。なお、総勘定元帳における転記作業は12節で詳しく取り上げます。

大事なことをいうよ。仕訳を覚えたからと言って簿記ができたと思っていはいけない。転記作業をきちんとこなせることが重要なんだ。総勘定元帳に転記することによって、各勘定科目の集計が可能になる。さらには簿記の目的である決算書の作成へとつながっていくんだ

とにかく仕訳と転記が大事なんですね

そうそう。仕訳帳と総勘定元帳は、まとめて「主要簿」とも言うんだよ

主要簿ね。覚えておきます

　いよいよ次節からはfloglife㈱の事業が始まります。取引➡仕訳➡総勘定元帳への転記➡試算表➡決算書までの一連の流れを実践します。

――＜補足＞――
簿記の用語で左のことを「借方（かりかた）」といいます。右のことを「貸方（かしかた）」といいます。借と貸という漢字を使っていますが意味はありません。

4 店舗を開店したら？

資本金　普通預金　現金

今日はX6年2月5日。会社設立日です。店舗 floglife も開店します。さっそく出資金500万円を普通預金口座に預けました

帳簿作成も実践に入るよ。会社の預金額が増えたから取引になるね。さあ仕訳をしてごらん

出資金が払い込まれた時　資本金　普通預金

株を発行して得た出資金は、**資本金**という勘定科目を使います。資本金は会社が経営のために自由に使えるので**資本**に属します。また出資金は**会社の普通預金口座**に預けました。これは**普通預金**という勘定科目を使います。預金なので資産に属します。では、この取引を結果※→原因に分け、仕訳をしてみましょう。

※会社の立場からみて現金や預金が増えたり減ったりすることを結果と捉えてください。

2/5	結果：会社の普通預金口座が5,000,000円増加した
	原因：なぜなら、株を発行し5,000,000円の出資金を得たから

 勘定科目に置き換える

2/5	結果：**普通預金** 5,000,000円増加した	資産
	原因：**資本金** 5,000,000円増加した	資本

 カテゴリーと左右を確認して仕訳帳へ記帳

仕訳帳

X6年		借方		貸方	
2	5	普通預金	5,000,000	資本金	5,000,000

仕訳完成

資産	負債
	資本

増えた時の位置
減ったら逆

資産に属す 増えたら左（借方）　　資本に属す 増えたら右（貸方）

次は店舗の陳列棚や、販売する商品などを購入したいので、普通預金口座から3,500,000円現金を引き出します。あら？これは取引になるの？

普通預金口座から現金を引き出した時　普通預金　現金

普通預金口座から現金を引き出すと、手元の現金が増えますね。これは社内の資金移動であって、会社のお金が増減したわけではないのでリリちゃんは迷いました。しかしこれは簿記の世界では立派な取引です。5大カテゴリーが増減したら取引になるのです。現金の増加と普通預金の減少、つまり資産の増加と減少が同時におこった取引になります。

2/5	結果：会社の現金が3,500,000円増加した
	原因：なぜなら、普通預金口座から3,500,000円引き出したから

 勘定科目に置き換える

2/5	結果：**現金**3,500,000円増加した	資産
	原因：**普通預金**3,500,000円減少した	資産

 カテゴリーと左右を確認して、結果の方から仕訳帳へ記帳するとわかりやすい

仕訳帳

X6年		借方		貸方	
2	5	普通預金	5,000,000	資本金	5,000,000
2	5	現金	3,500,000	普通預金	3,500,000

資産に属す 増えたら左（借方）　　資産に属す 減ったら右（貸方）

増えた時の位置
減ったら逆

仕訳は取引が起こった順に記帳するんだったね

> **勘定科目**
>
> - **資本金**（資本） 発行した株式と引き換えに出資者から提供された資金を指します。会社のために自由に使えるので資本に属します。
> - **普通預金**（資産） 会社の普通預金口座を指します。
>   複数の銀行に普通預金口座を開設している場合は**普通預金〇〇銀行**という銀行名入りの勘定科目を使用して区別することがあります。

> **ここが重要**
>
> - 仕訳は取引が起こった順に記帳しましょう。

仕訳腕試し

練習問題です。Floglife㈱の取引とは関係ありません。

1. 会社を設立する。1株50,000円の株式50株を発行し、全額払い込みを受け、普通預金に預け入れた。

借方	貸方

2. 金庫に保管してある現金100,000円をアヤメ銀行の普通預金口座に入金した。当社はアジサイ銀行にもお普通預金口座を開設しているため区別して仕訳しなさい。

借方	貸方

3. 以下の仕訳から取引内容を答えなさい。

借方		貸方	
普通預金	500,000	現金	500,000

【解答】

1

借方		貸方	
普通預金	2,500,000	資本金	2,500,000

解説：50,000円 × 50株 ＝ 2,500,000円となる。この総額を記帳する

2

借方		貸方	
普通預金アヤメ銀行	100,000	現金	100,000

3 会社内の現金500,000円を普通預金口座に入金した。

解説：資産に属す普通預金が左側なので普通預金の増加。資産に属す現金が右側なので現金が減少。これにより上記の取引と言える

5 店舗で使用する高額な物品を購入したら？
備品

陳列棚セットを購入し、現金153,600円を支払い、領収証をいただきました。取引になるので仕訳します

▼納品書兼領収証

納品書 兼 領収証　　X5年2月5日

floglife 株式会社　御中　　カクヨ㈱

登録番号：TXXXXXXXXXXXXX

品物	数量	単価	金額
店舗用陳列棚セット	1	153,600	153,600 円
	合計		153,600 円

X6年2月5日上記金額を領収いたしました

※納品書とは、品物を渡したという証明書
※領収証とは、販売者が代金を受け取ったという証明書
※便宜上、消費税はここでは扱いません。

商売に必要な物品を購入する　備品

商売に必要な高価な物品で1年を超えて使用できるものは、備品という勘定科目を使います。5大カテゴリーの特徴にあるように資産に属します。

2/5	結果：会社の現金が153,600円減少した
	原因：なぜなら、153,600円の陳列棚を購入したから

勘定科目に置き換える

2/5	結果：**現金**153,600円減少した	資産
	原因：**備品**153,600円増加した	資産

カテゴリーと左右を確認して結果のほうから仕訳帳へ記入するとわかりやすい

仕訳帳

X6年	借方		貸方	
2	5	普通預金　　5,000,000	資本金　　5,000,000
2	5	現金　　3,500,000	普通預金　　3,500,000
2	5	備品　　153,600	現金　　153,600

仕訳完成

資産に属す　増えたら左（借方）　　資産に属す　減ったら右（貸方）

資産	負債
	資本

増えた時の位置
減ったら逆

勘定科目

・**備品**（資産）　1年を超えて使用できる高価な物品を指します。机やコピー機、パソコンなどが該当します。

6 販売する商品を購入したら？

格安が売りのトンボ㈱から、販売する商品1,300,000円分を現金で購入しました。あ、商売だから「商品を仕入れてきました～」って言うんですよね　納品書兼領収証もいただきました

▼納品書兼領収証

納品書 兼 領収証　　　　X6年2月5日

floglife 株式会社　御中　　　　　　トンボ㈱

登録番号：TXXXXXXXXXXXXX

品物	数量	単価	金額
赤いフライパン S	30	3,000	90,000 円
赤いフライパン M	20	6,000	120,000 円
黄色の花瓶	5	5,000	25,000 円
緑の部屋着	25	7,000	175,000 円
⋮	⋮	⋮	⋮
	合計		1,300,000 円

X6年2月5日　上記金額を領収いたしました　

販売する商品を仕入れる　仕入

　floglife㈱は小売業です。小売業者が儲けるためのポイントは、できるだけ商品を安く購入し、できるだけ高くお客様に販売することです。そうはいってもライバル他

社よりも販売価格を高く設定すると売れませんね。価格設定は経営者の腕の見せ所です。さて話を戻しましょう。**販売を目的とした商品の購入**は、**仕入**という勘定科目を使うのでしたね。商売に必要な支出なので費用に属します。仕訳の金額は、1つの取引先から一回で仕入れたまとまりの合計額を記入します。

2/5	結果：会社の現金が1,300,000円減少した
	原因：なぜなら、販売する商品を1,300,000円購入したから

勘定科目に置き換える

2/5	結果：**現金**1,300,000円減少した	資産
	原因：**仕入**1,300,000円発生した	費用

カテゴリーと左右を確認して結果のほうから
仕訳帳へ記入するとわかりやすい

仕訳帳

（仕訳完成）

X6年		借方		貸方	
2	5	普通預金	5,000,000	資本金	5,000,000
2	5	現金	3,500,000	普通預金	3,500,000
2	5	備品	153,600	現金	153,600
2	5	仕入	1,300,000	現金	1,300,000

費用に属す 発生したら左（借方）　　資産に属す 減ったら右（貸方）

資産	負債
	資本

増えた時の位置
減ったら逆

費用	収益

発生した時の位置
取り消したら逆

―＜補足＞―
商品仕入に関するもう一つの考え方
　販売する商品は、売れるものですし金銭価値もあるので、資産のイメージと解釈することもできます。実際、資産カテゴリーには**商品**という勘定科目があります。しかしfloglifeのような1日にたくさんの商品を販売する小売業には、**商品**を使った仕訳は向いていません。理由は第3章5節で紹介しますね。まずは仕入という勘定科目を使った仕訳を覚えましょう。

勘定科目

・**仕入**（費用）　販売を目的とした商品を購入することを指します。
　費用カテゴリーの中でも、利益を得るために一番必要で重要な支払いです。

7 広告を利用したら？
広告宣伝費

広告業者さんに、オープンチラシの作成と配布をお願いしました。60,000円請求されたので現金で支払いました

広告を利用する　広告宣伝費

会社や店舗、またはサービスを宣伝するための支払いは、**広告宣伝費**という勘定科目を使います。費用に属します。勘定科目の末尾に「費」と付くものは費用と覚えましょう。

2/5	結果：会社の現金が60,000円減少した
	原因：なぜなら、チラシ制作、配布代60,000円を支払ったから

⬇ 勘定科目に置き換える

2/5	結果：**現金**60,000円減少した	資産
	原因：**広告宣伝費**60,000円発生した	費用

⬇ カテゴリーと左右を確認して、結果のほうから
仕訳帳へ記入するとわかりやすい

仕訳帳

X6年		借方		貸方	
2	5	普通預金	5,000,000	資本金	5,000,000
2	5	現金	3,500,000	普通預金	3,500,000
2	5	備品	153,600	現金	153,600
2	5	仕入	1,300,000	現金	1,300,000
2	5	広告宣伝費	60,000	現金	60,000

費用に属す 発生したら左(借方)　　資産に属す 減ったら右(貸方)

資産	負債
	資本

増えた時の位置
減ったら逆

費用	収益

発生した時の位置
取り消したら逆

> **勘定科目**
>
> ・**広告宣伝費**(費用)　会社、店舗、サービスを宣伝するための支払いを指します。商売に必要な支払なので費用に属します。チラシ広告、会社パンフレット、サンプル、ホームページなどの作成費用の支払いなどが該当します。

8 商品が売れたら？

りりちゃんは、昨日仕入れた商品の種類ごとに仕入原価※の1.2倍〜1.5倍の販売価格を設定し、店頭に並べました。

▼商品ごとの仕入原価と売値の一覧表

品名	仕入原価	売り値
赤いフライパンS	3,000 円	4,500 円
黄色の花瓶	5,000 円	7,000 円
緑の部屋着	7,000 円	9,100 円
:	:	:

※仕入れ時の価格のことを簿記では仕入原価といいます。

商品を売り上げた　売上

2月6日の取引は以下の通りです。

▼お客様に渡した領収証のイメージ

・コナギ㈱へ合計37,100円の商品を現金で売り上げた。
・アメ㈱から電話があり、46,000円分の商品を届け、現金を受け取った。
・オモダカ㈱が、28,000円と4,500円の商品を購入した。代金は現金で支払ってくれた。ヒント：この場合、合計32,500円ととらえましょう
・お客様が来店したが、7800円の商品が欠品していたので、注文した。
・キリ㈱へ48,500円の商品を届けた。代金は、即普通預金に振り込まれた。

お客さまに商品を売り渡したときの勘定科目は「売上」でしたね。収入なので収益に属します。商品の売り上げは、小売業の一番の収入源ですね。商品売上時の仕訳では、金額は売り値を記入することになります。

2/6	結果：現金が37,100円増加した
	原因：なぜなら、商品37,100円分を売り渡したから
2/6	結果：現金が46,000円増加した
	原因：なぜなら、商品46,000円分を売り渡したから
2/6	結果：現金が32,500円増加した
	原因：なぜなら、商品32,500円分を売り渡したから
2/6	結果：なし
	原因：なし
2/6	結果：普通預金が48,500円増加した
	原因：なぜなら、商品48,500円分を売り渡したから

勘定科目に置き換える

2/6	結果：**現金**37,100円増加した	資産
	原因：**売上**37,100円発生した	収益
2/6	結果：**現金**46,000円増加した	資産
	原因：**売上**46,000円発生した	収益
2/6	結果：**現金**32,500円増加した	資産
	原因：**売上**32,500円発生した	収益
2/6	結果：**普通預金**48,500円増加した	資産
	原因：**売上**48,500円発生した	収益

カテゴリーと左右を確認して、結果のほうから仕訳帳へ記入するとわかりやすい

仕訳帳

仕訳完成

X6年		借方		貸方	
2	6	現金	37,100	売上	37,100
2	6	現金	46,000	売上	46,000
2	6	現金	32,500	売上	32,500
2	6	普通預金	48,500	売上	48,500

| 資産 | 負債 |
| | 資本 |

増えた時の位置 減ったら逆

| 費用 | 収益 |

発生した時の位置 取り消したら逆

資産に属す 増加したら左（借方）

収益に属す 発生したら右（貸方）

44

欠品商品を注文した時は、簿記上の取引に該当しないことによく気づいたね

　販売活動において、卸売業者に商品を注文することは大切な取引ですが、簿記上は、5大カテゴリーの勘定科目の増減（または発生・取消）がなければ取引にはなりません。注文した商品は、それを仕入れた時とお客様に売り渡した時に簿記上の取引となり、仕訳します。

ところで、今日はどのくらい儲かったのかしら？

売れた商品の利益のこと？　それなら**売上総利益**といって、売上額と売上原価から計算できる。でも売上原価を調べるのは面倒だからやめておこう

　売上総利益は、本業である商品販売から得た利益のことです。以下の計算式で算出できます。

売上総利益 ＝ 売上額 － 売上原価

　今日の売上額は、仕訳帳から2月6日の売上金額を合計すれば164,100円というふうに簡単に算出できますね。**売上原価**とは、**売り上げた商品の仕入原価**のことで、今日売れた商品1つ1つの仕入原価を調べればわかります。しかしfloglifeのように1日にたくさんの売上取引がある小売業は、いちいち売上原価を調べて売上総利益を算出するのは大変です。それに実際の利益計算には、商品売上以外の収入や、諸々の経費も反映させなければいけません。以上の点から、きちんとした利益計算は、決算時に作成する損益計算書で行うようにします。今学んでいる複式簿記は、会計期間中は、仕入と売上の勘定科目で商品売買を記録し、決算時に利益を計算する方法[※]をとっています。

　　※この方法を三分法といいます。詳しくは第3章5節で解説します。

そういうわけで、利益の計算は決算まで楽しみにしておこう

勘定科目

・**売上**（収益）　購入者に商品を売り渡すことを指します。
　小売業の一番の収入源で、一番の利益のもとになります。

9 収入印紙って？
租税公課

お店の売り上げも増えてきたね。収入印紙を用意した方がいいよ

以前受け取った領収書にも貼ってありました。なにかなぁと思っていました

収入印紙を購入した　租税公課

　商品を販売して代金を受け取ると、「商品代金はしっかり受け取りましたよ」という証明になる領収証（レシート）を発行してお客様に渡します。

```
領 収 書
¥  55,000-
floglife 株式会社
floglife
```

　領収証の記載金額が5万円以上の場合、販売者側は国に印紙税を納税する義務があります。印紙税法では、その文書の種類や金額に応じて印紙税の額が決められています。
　なお、国が発行した収入印紙という証票を郵便局などで購入すると、あらかじめ納税したことになります。
　今後5万円以上の領収証※を発行する機会があったら、収入印紙を貼付し、お客様に渡します。お客様は、印紙税納税済みの領収証をきちんと受け取ったことになります。
　　※印紙税の詳細については国税庁のサイトをご覧ください

さっそく200円の収入印紙を15枚購入し、代金3,000円は現金で支払いました

収入印紙など、**事業に関係する税金の支払い**は**租税公課**という勘定科目を使います。商売上発生する税金も、商売に必要な支払いなので費用に属します。

2/7	結果：会社の現金が3,000円減少した
	原因：なぜなら、3,000円分の収入印紙を購入したから

⬇ 勘定科目に置き換える

2/7	結果：**現金**3,000円減少した	資産
	原因：**租税公課**3,000円発生した	費用

⬇ カテゴリーと左右を確認して、結果のほうから仕訳帳へ記入するとわかりやすい

 仕訳完成

X6年	借方		貸方	
2	7	租税公課　　3,000	現金　　3,000

費用に属す 発生したら左（借方）　　資産に属す 減ったら右（貸方）

資産	負債
	資本

増えた時の位置
減ったら逆

費用	収益

発生した時の位置
取り消したら逆

勘定科目

- **租税公課**（費用）　事業に関係する税金の支払いを指します。商売に必要な支払いなので費用に属します。店舗や事業所の固定資産税、事業用車両の自動車税などが該当します。
「租税」とは税金の徴収、「公課」とは税金や負担金などを国や地方公共団体に納めることを指します。

10 家賃、駐車場代、水道代、電気代、電話代、会費などの支払いって？

支払家賃　支払地代　水道光熱費　通信費　諸会費　支払手数料

月末が近づいてきたら請求書がたくさん届きました！　支払わなくちゃ

2月分請求書の内容と使用勘定科目

月末になると、月ごとの利用料の支払いが発生しますね。下記はすべて費用に属します。では、仕訳しましょう。

請求内容	勘定科目	勘定科目の意味	金額
電話代	通信費	相手に情報を伝えるための手段にかかる支払い　切手代、インターネット料金なども該当	4,500 (2/25に普通預金から引き落とし)
水道代と電気代	水道光熱費	水道と電気代の支払い	15,000 (2/25に普通預金から引き落とし)
店舗家賃	支払家賃	賃借している建物や倉庫の賃借料の支払い	30,000 (2/26に普通預金から振込み)
振込み時手数料	支払手数料	サービスの利用にかかる手数料の支払い。振込手数料や証明書の発行手数料が該当	100 (振り込み時に普通預金から支払う)
駐車場の賃借料	支払地代	賃借している土地の賃借料の支払い	10,000 (2/27 現金支払い)
商工団体の会費	諸会費	各種会費の支払い	1,000 (2/27 現金支払い)

2/25に会社の電話代4,500円と水道光熱費15,000円は、普通預金口座から引き落とされました。いっぺんに仕訳しましょう。

2/25	結果：**普通預金** 4,500円減少した **普通預金** 15,000円減少した	資産
	原因：**通信費** 4500円発生した **水道光熱費** 15,000円発生した	費用

 カテゴリーと左右を確認して結果のほうから仕訳帳へ記入するとわかりやすい

仕訳帳

X6年		借方		貸方	
2	25	**通信費** **水道光熱費**	4,500 15,000	普通預金 普通預金	4,500 15,000

資産	負債
	資本

増えた時の位置
減ったら逆

費用に属す 発生したら左（借方）　　資産に属す 減ったら右（貸方）

費用	収益

発生した時の位置
取り消したら逆

 片側に同じ勘定科目が配置される場合、同じ意味なので合算しましょう

仕訳完成

X6年		借方		貸方	
2	25	**通信費** **水道光熱費**	4,500 15,000	普通預金	19,500

 あれ？　左側に2つも勘定科目が出てきたわ。これってあり？

 ありなんだよ。ただし左の合計金額と右の合計金額が一致していることが重要だ。このルールは絶対だ

2/26に店舗家賃30,000円を普通預金口座から振り込みました。振込手数料100円も同口座から一緒に支払いました。

2/26	結果：**普通預金**30,000円減少した	資産
	普通預金100円減少した	
	原因：**支払家賃**30,000円発生した	費用
	支払手数料100円発生した	

⬇ カテゴリーと左右を確認して結果のほうから仕訳帳へ記入するとわかりやすい

仕訳帳

X6年	借方	貸方
2　26	支払家賃　　30,000	普通預金　　30,100
	支払手数料　　　100	

費用に属す 発生したら左（借方）　　資産に属す 減ったら右（貸方）

資産	負債
	資本

増えた時の位置
減ったら逆

費用	収益

発生した時の位置
取り消したら逆

2/27に駐車場の賃借料10,000円と会費1,000円を現金で支払いましたね。

2/27	結果：**現金**10,000円減少した	資産
	現金1,000円減少した	資産
	原因：**支払地代**10,000円発生した	費用
	諸会費1,000円発生した	費用

⬇ カテゴリーと左右を確認して結果のほうから仕訳帳へ記入するとわかりやすい

仕訳帳

X6年	借方	貸方
2　27	支払地代　　10,000	現金　　　　11,000
	諸会費　　　 1,000	

資産	負債
	資本

増えた時の位置
減ったら逆

費用	収益

発生した時の位置
取り消したら逆

> **チェック**
> 仕訳は、左右（貸借）それぞれの勘定科目が1つずつとは限りません。ただし、左の合計金額と右の合計金額は必ず一致します。

11 役員に報酬を支払ったら？
役員報酬

社長である私の報酬200,000円をいただきます。普通預金口座から私の個人口座に振り込みます。振込手数料は300円です

取締役に月額報酬を支払う　役員報酬

会社を運営する**経営陣**（といってもfloglife㈱の取締役はリリちゃんだけですが）**に支払う報酬**は、**役員報酬**という勘定科目を使います。商売に必要な支払いなので費用に属します。

2/28	結果：**普通預金**200,300円減少した	資産
	原因：**役員報酬**200,000円発生した	費用
	支払手数料300円発生した	費用

カテゴリーと左右を確認して結果のほうから仕訳帳へ記入するとわかりやすい

仕訳帳

 仕訳完成

X6年		借方		貸方	
2	28	役員報酬	200,000	普通預金	200,300
		支払手数料	300		

費用に属す 発生したら左（借方）　　資産に属す 減ったら右（貸方）

資産	負債
	資本

増えた時の位置
減ったら逆

費用	収益

発生した時の位置
取り消したら逆

＜補足＞
・役員報酬から天引きする保険料や税金について
本来役員報酬から源泉所得税と社会保険料が天引きされますが、本書では省略します。第2章11節で従業員の給与からの天引きについて解説します。

・**個人事業主の報酬**

個人事業主の場合は、報酬という考え方はありません。資本金が自由に使えるからです。毎月生活のために店からお金を引き出す場合は、資本金を減少させるのと同じ意味をもつ**事業主貸**(じぎょうぬしかし)という勘定科目を使って仕訳します。資本金の減少は左ですね。なので、事業主貸も左に配置されます。

例 事業主が個人使用のため、現金200,000円を店から引き出した

借方		貸方	
事業主貸	200,000	現金	200,000

勘定科目

・**役員報酬**(費用) 取締役などの役員に対して報酬もしくは賞与を支払うことを指します。商売に必要な支払なので費用に属します。

※日商簿記検定3級ではこの勘定科目は扱いません。

チェック

・株式会社の場合、取締役は会社を運営する立場なので、会社と雇用関係はありません。対して従業員は雇用契約を結んで雇用されます。従業員を雇って支払う報酬は**給料**という勘定科目を使います。どちらも費用に属しますが、取締役と従業員の報酬は、勘定科目が異なります。給料は第2章11節で詳しく解説します。

第1章 腕試し1

X6年2月5日開業日〜月末までの取引を仕訳しましょう。

今まで取り上げてきた取引も列挙しています。復習のつもりで取り組みましょう。

なお、問題・解答用紙は、サイト上に用意してありますのでダウンロードしてください。

12 総勘定元帳の記入って？

2月中の取引はすべて仕訳帳に記帳できたね。さて、仕訳帳はあくまでも取引内容の記録だ。できれば帳簿を見て、現金や預金残高を確認したいよね。現在の売上金額の合計も知りたいだろう。それには、仕訳帳を総勘定元帳に転記すればいいんだ。これは簿記の流れにおいて必須作業だよ

仕訳を総勘定元帳に転記する

仕訳帳は取引を記録する帳簿なので、いつどんな取引があったのかが、わかりますね。**総勘定元帳**は、**仕訳を勘定科目ごとに集計する帳簿で、残高や発生総額を知ることができます**。定期的に※仕訳を総勘定元帳に転記しましょう。

※毎日、毎週、毎月のいずれかということです。こまめに行うほうが、後に決算をむかえたときに慌てずにすみます。

本書では、総勘定元帳のページを簡略化したTフォームを使用します。

日付	摘要	仕丁	借方	貸方	貸/借	残高
2	5	現金	1	1,300,000		借	1,300,000
2	9	現金	1	300,000		〃	1,600,000

総勘定元帳

総勘定元帳の1ページ

簡略化 →

仕入
2/5 現金 1,300,000
2/9 現金 300,000

Tフォーム

用紙1枚にTフォームを1つ作成します。仕訳帳に記入した勘定科目の数だけ必要です。Tの上部に勘定科目名を記入します。1つのTフォームを、**〇〇勘定**と呼びます。

▼簡略化した総勘定元帳のイメージ

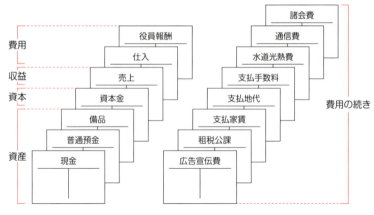

簡略化した総勘定元帳

　Tフォームにも左右（貸借）があり、勘定ごとに、増加（発生）、減少（取消）の位置が決まっています。次の図の現金勘定と売上勘定の例のように、仕訳で覚えた位置と同じです。

現金		売上	
左（借方）	右（貸方）	左（借方）	右（貸方）
現金が**増加**した取引を転記	現金が**減少**した取引を転記	売上が**取消**になった取引を転記	売上が**発生**した取引を転記

転記のルール

　では各仕訳をTフォームに転記します。仕訳において左側の勘定科目の金額を、その勘定科目のTフォームの左側に転記します。右も同様。

　初めは戸惑いますので、片側ずつまとまりを覚えて転記していきます。では例として仕訳帳の最初の仕訳を取り上げます。

①仕訳の左（借方）に注目します。「普通預金 5,000,000 は左側（借方）」と覚えます。

X6年		借方		貸方	
2	5	普通預金	5,000,000	資本金	5,000,000

56

②転記先のTフォームは普通預金勘定になります。左側（借方）に5,000,000を転記します。

▼普通預金勘定の左側に転記

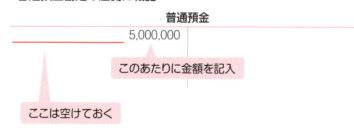

③もう一度仕訳に注目します。反対側の勘定科目※である「資本金」を金額の横に転記します。
※以降、相手勘定科目と表記します。

X6年		借方		貸方	
2	5	普通預金	5,000,000	資本金	5,000,000

▼相手勘定科目を転記

```
            普通預金
資本金   5,000,000  |
```

④最後に仕訳の日付を転記します。

X6年		借方		貸方	
2	5	普通預金	5,000,000	資本金	5,000,000

▼日付を転記

```
            普通預金
2/5 資本金   5,000,000  |
```

仕訳の左側の転記ができた

仕訳の左側の転記ができました。次に仕訳の右側も同様に転記します。

⑤仕訳の右（貸方）に注目します。「資本金5,000,000は右側（貸方）」と覚えます。

X6年		借方		貸方	
2	5	普通預金	5,000,000	資本金	5,000,000

⑥転記先のTフォームは資本金勘定になります。右側（貸方）に5,000,000を転記します。

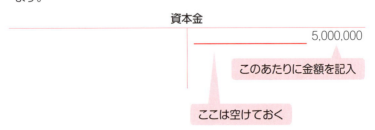

⑦もう一度仕訳に注目します。相手勘定科目である「普通預金」を金額の横に転記します。

X6年		借方		貸方	
2	5	普通預金	5,000,000	資本金	5,000,000

▼相手勘定科目を転記

```
           資本金
                       普通預金   5,000,000
```

⑧最後に仕訳の日付を転記します。

X6年		借方		貸方	
2	5	普通預金	5,000,000	資本金	5,000,000

▼日付を転記

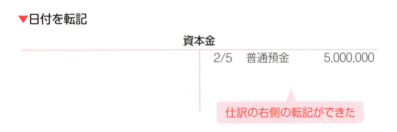

これで1つの仕訳がTフォームに転記できました。登場したTフォームは2つです。

 仕訳に出てきた勘定科目の数だけTフォームに転記するのね

Tフォームへの転記のコツ

仕訳を見て、最初に「【勘定科目名】【〇〇〇,〇〇〇円】は【左or右】にある」と頭に入れることで、その勘定科目と同名のTフォームに、左右の位置と金額をほぼ間違えず転記できます。つまり勘定名、左右の位置、金額が適切な場所に転記されることが重要です。日付と相手勘定科目※も前者が確定されれば、ミスなく転記できるはずです。

※相手勘定科目が複数の場合は、「諸口(しょくち)」と記入します。諸口は、複数の相手勘定があることを表しています。

▼転記のコツ

X6年	借方	貸方
2 / 5	普通預金　5,000,000	資本金　5,000,000

普通預金5,000,000は左　　　資本金5,000,000は右

```
    普通預金                    資本金
   5,000,000                              5,000,000
   借方(左)                              貸方(右)
```

2/5 相手勘定科目は資本金　　2/5 相手勘定科目は普通預金

```
    普通預金                    資本金
2/5 資本金 5,000,000          2/5 普通預金 5,000,000
   借方(左)                              貸方(右)
```

第1章　腕試し2

X6年2月の仕訳をTフォームに転記しましょう。
解答用紙は、サイト上に用意してありますのでダウンロードしてください。

13 Tフォームの見かたって？

Tフォームを見ただけで元の仕訳ががわかるんだよ

最初はむずかしそう

Tフォームに転記した取引を読みとる

　次の普通預金勘定を例にTフォームに転記した取引を読み取りましょう。普通預金は資産に属すので、増えたら左、減ったら右でしたね。普通預金勘定も同じで、左（借方）は増加、右（貸方）は減少となります。また、それぞれ相手勘定科目が記入されているので、仕訳が把握できます。

▼普通預金勘定（資産）

増加			普通預金			減少
2/5	資本金	5,000,000	2/5	現金	3,500,000
2/6	売上	48,500	2/25	諸口	19,500
			2/26	諸口	30,100
			2/28	諸口	200,300

例えば「2/6 売上 48,500」（上の図の赤線部分）は、Tフォームの左に記入されているから、普通預金48,500円が増えたのね。ということは相手勘定科目の売上は右ね。つまり売上が発生したのね。「普通預金48,500が増えた。なぜなら48,500の商品を売り上げたから」。もっと簡単に言うと「商品を売り上げ、代金48,500が普通預金に入金された」ということね。読み取れたわ

Tフォーム内の取引を読み取るには、頭の中で仕訳に戻してみることです。改めて先程の普通預金勘定の左に記入された「2/6 売上　48,500」から仕訳を考えてみましょう。

　まず注目するのは、普通預金が48,500円増えていることです。これが仕訳の左に記入してあったのです。

▼普通預金が48,500円増えている

仕訳の左側

X6年	借方		貸方	
	普通預金	48,500		

　仕訳の右には、相手勘定科目の売上が記入されていたことになるので、これで取引が読み取れます。

X6年	借方		貸方	
2	6	普通預金	48,500	売上	48,500

売上勘定を見ても同じようにわかるかしら

　今度は、売上勘定から見てみましょう。売上勘定の右に記入された「2/6 普通預金 48,500」から仕訳を考えてみます。

▼売上勘定

	売上		発生
	2/6	現金	37,100
	2/6	現金	46,000
	2/6	現金	32,500
	2/6	普通預金	48,500
	2/11	現金	195,000
	2/15	現金	799,500

やはり注目するのは、売上が48,500円発生していることです。これが仕訳の右に記入してあったのです。

▼売上が48,500円発生している

仕訳の右側

X6年	借方	貸方	
		売上	48,500

仕訳の左には、相手勘定科目の普通預金が記入されていたことになるので、取引が読み取れますね。

X6年		借方		貸方	
2	6	普通預金	48,500	売上	48,500

チェック

・Tフォームの勘定名と金額・相手勘定科目・日付から仕訳を読み取ることができます。
・仕訳を読み取るには1つのTフォームがあれば十分です。

▼普通預金勘定からでも、売上勘定からでも同一の仕訳が読み取れる

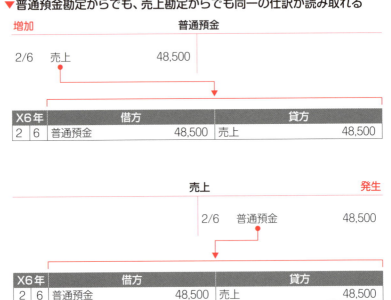

練習問題

以下のTフォームの下線の取引内容を答えなさい。

▼練習問題

❶ 　　　　　　　　　　　現金
| x/x 　普通預金　　　100,000 | |

❷ 　　　　　　　　　　　現金
| x/x 　xxxxx　　　100,000 | x/x 　支払家賃　　　50,000 |

❸ 　　　　　　　　　　　仕入
| x/x 　現金　　　800,000 | |

解答

① X/X　普通預金から現金1,000,000円を引き出した

X年		借方		貸方	
X	X	現金	100,000	普通預金	100,000

② X/X　家賃50,000円を現金で支払った

X年		借方		貸方	
X	X	支払家賃	50,000	現金	50,000

③ X/X商品800,000円を仕入れ、代金は現金で支払った

X年		借方		貸方	
X	X	仕入	80,000	現金	80,000

14 Tフォームの集計って？

仕訳をTフォーム（総勘定元帳）に転記することで、勘定ごとにまとまった。つまり整理ができたね

Tフォーム内の取引の見かたもわかりました。あとは集計して、残高や発生額が知りたいわ

Tフォームを集計しよう

例として普通預金勘定を使います。左と右の縦計をそれぞれ計算し、欄外にメモのように記入しておきます。

残高は、**増加 − 減少**で計算しましょう。

5,048,500 − 3,749,900 = 1,298,600 ですね。増加側に残高があるので、左（借方）計の下に残高を記入しましょう。

▼左（借方）計の下に残高を記入する

	増加	普通預金	減少	
	2/5 資本金 5,000,000	2/5 現金	3,500,000	
借方合計 5,048,500	2/6 売上 48,500	2/25 諸口	19,500	
残高 1,298,600		2/26 諸口	30,100	
		2/28 諸口	200,300	貸方合計 3,749,900

	増加	普通預金	減少
	借方合計 5,048,500	貸方合計 3,749,900	

残高

各勘定の集計

▼各勘定の残高を記入する

●資産

	増加	現金		減少	
	2/5 普通預金	3,500,000	2/5 備品	153,600
	2/6 売上	37,100	2/5 仕入	1,300,000
借方合計 4,610,100	:	:	:	:	:
残高 2,782,500	:	:	:	:	:

貸方合計 1,827,600

	増加	備品		減少
残高 153,600	2/5 現金	153,600		

●資本

	減少	資本金		増加	
			2/5 普通預金	5,000,000	残高 5,000,000

	取消	売上		発生	
			2/6 現金	37,100	
			2/6 現金	46,000	
			:	:	発生総額 1,158,600
			:	:	

●費用

	発生	仕入		取消
	2/5 現金	1,300,000		
発生総額 1,600,000	2/9 現金	300,000		

	発生	役員報酬		取消
発生総額 200,000	2/28 普通預金	200,000		

	発生	広告宣伝費		取消
発生総額 60,000	2/5 現金	60,000		

	発生	租税公課		取消
発生総額 3,000	2/7 現金	3,000		

	発生	支払家賃		取消
発生総額 30,000	2/26 普通預金	30,000		

	発生	支払地代		取消
発生総額 10,000	2/27 現金	10,000		

	発生	支払手数料		取消
発生総額 400	2/26 普通預金 2/28 普通預金	100 300		

	発生	水道光熱費		取消
発生総額 15,000	2/25 普通預金	15,000		

	発生	通信費		取消
発生総額 4,500	2/25 普通預金	4,500		

	発生	諸会費		取消
発生総額 1,000	2/27 現金	1,000		

※資産・負債・資本に属する勘定は、引き算の結果を「残高」としていますが、費用・収益に属する勘定の引き算の結果は、残高より、「発生総額」の方がわかりやすいので、本書ではこの表記にしています。

チェック

・総勘定元帳の集計とは、各勘定の左（借方）と右（貸方）の合計から残高（発生総額）を算出することです。これにより各勘定の状況が把握できるのです。
・残高（発生総額）の計算は「増加側（発生側）— 減少側（取消側）」で行い、カテゴリーに分けると以下のとおりです。

資産・費用に属す勘定	負債・資本・収益に属す勘定
左（借方）— 右（貸方） 残高は左（借方）になる	右（貸方）— 左（借方） 残高は右（貸方）になる

このように、各勘定の残高（発生総額）を知ることができるのが総勘定元帳だ。だから一番大切な帳簿なんだよ

15 Tフォームの記入に間違いはない？ 試算表って？

仕訳をTフォームに転記して集計したが、転記ミスがあるかもしれないよ。試算表を作成して確認しよう。試算表は、仕訳からTフォームへの転記が正確であるかどうかを、Tフォームの左右の合計や残高を使用して確認する表のことだよ

試算表の種類

試算表は3種類あります。

▼試算表は3種類

●合計試算表

Tフォームの
左（借方）合計と
右（貸方）合計を使用

合計試算表
〇年〇月〇日

借方合計	勘定科目	貸方合計

●残高試算表

Tフォームの
残高を使用

残高試算表
〇年〇月〇日

借方残高	勘定科目	貸方残高

●合計残高試算表

Tフォームの
左右（貸借）合計と
残高を使用

合計残高試算表
〇年〇月〇日

借方残高	借方合計	勘定科目	貸方合計	貸方残高

ここでは合計残高試算表を作成します。これを覚えれば、他の表も作成できます。

合計残高試算表を作成しよう

①Tフォームの各勘定は、左右（貸借）の合計と残高を欄外に記入します。

▼左右（貸借）の合計と残高を欄外に記入

```
              増加            現金           減少
           2/5  普通預金  3,500,000  2/5  備品       153,600
           2/6  売上         37,100  2/5  仕入     1,300,000
借方合計 4,610,100  ：    ：      ：    ：    ：    貸方合計 1,827,600

残高 2,782,500
```

②試算表のタイトル下に日付Ｘ６年２月２８日を記入します。期首からこの日付までを表しています

③勘定科目欄には、Tフォームで使用している勘定（勘定科目名）を、資産→負債→資本→収益→費用のカテゴリー順に記入します※。

※決算時に作成する表などもこの順で記載されるので、覚えておきましょう。

④各勘定の左合計を借方合計に、右合計を貸方合計に記入します。合計が０の場合は記入しない。

⑤借方残高と貸方残高は、各勘定の残高（発生総額）を記入します。その勘定の増加（発生）側に残高を記入することになります。

⑥表の最下に縦計を記入します。

▼各勘定の合計と残高を記入する

合計残高試算表
❷ X6年2月28日

増加(発生)側に残高 ← 借方残高／借方合計
増加(発生)側に残高 ← 貸方残高

	❺借方残高	❹借方合計	❸勘定科目	❹貸方合計	❺貸方残高	
資産	2,782,500	4,610,100	現　　　　金	1,827,600		
	1,298,600	5,048,500	普 通 預 金	3,749,900		
	153,600	153,600	備　　　　品			
			資　本　　金	5,000,000	5,000,000	資本
			売　　　　上	1,158,600	1,158,600	収益
費用	1,600,000	1,600,000	仕　　　　入			
	200,000	200,000	役 員 報 酬			
	60,000	60,000	広 告 宣 伝 費			
	3,000	3,000	租 税 公 課			
	30,000	30,000	支 払 家 賃			
	10,000	10,000	支 払 地 代			
	400	400	支 払 手 数 料			
	15,000	15,000	水 道 光 熱 費			
	4,500	4,500	通　信　　費			
	1,000	1,000	諸　会　　費			
❻	6,158,600	11,736,100		11,736,100	6,158,600	

左右(貸借)の合計同士一致
残高の合計同士一致

　どうでしょう。左右(貸借)の合計どうし、残高どうしが一致しましたね。これで仕訳からTフォームへの転記が正確であることが確認できるのです。もしミスがあると合計は一致しません。その場合は仕訳の見直し、転記の見直し、計算の見直しをして合計が合わない原因を調べ、修正します※。

※仕訳ミスは、仕訳の修正が必要になります。修正仕訳という方法を第2章32節で学びます。

　試算表も定期的に作成して、帳簿の正確性を保つ努力をしましょう。

なぜ試算表の貸借が一致するのか

　複式簿記は、取引を結果と原因にわけて仕訳します。ある1つの取引を仕訳するとき、ある勘定科目の左(借方)に記入した金額と、ある勘定科目の右(貸方)に記入した金額は必ず等しいですね。ということは仕訳の左(借方)と右(貸方)合計も等しいのです。

借方		貸方	
現金	50,000	売上	50,000
仕入	20,000	現金	20,000
普通預金	10,000	現金	10,000
現金	8,000	売上	8,000

借方計　88,000　＝　貸方計　88,000

　これを「貸借平均の原則」といいます。複式簿記では重要な原則で、試算表も、この原則を利用したものです。

左右（貸借）の数字がピッタリ合うかどうかで確認するなんて、最後までドキドキだわ

その通りだよ。経理の基本は実際に記入し、電卓をたたいて覚えることなんだ。慎重さを身につける意味でもいい勉強だからがんばってやろう

　みなさんもここまで作成してきて、いかに一昔前の経理が大変だったかを想像できますね。現在は、コンピュータの会計ソフトを使えば、仕訳を入力するだけで総勘定元帳から試算表まで瞬時に出来上がるので転記ミスはありえません。ですが帳簿の流れは把握できませんね。こつこつと手を動かし、電卓をたたき、帳簿を追うという実践経験は、非常に重要であると筆者は考えています。たとえば実際残高と帳簿が合わない、違う勘定科目を使ってしまった、などは明らかに人的ミスであり、これらをコンピュータは指摘してくれません。このような時に、仕訳→総勘定元帳→試算表の流れを何度も追ってきた経験と勘が役に立つのです。がんばりましょう。

ところで試算表って、総勘定元帳を1枚の表で確認できるから便利そうですね

もちろんそういう使い方もあるよ。だからせめて月に一度は作成していこう

試算表は、総勘定元帳の現在の内容を一覧にした便利な表でもあります。試算表の活用例も少し見ておきましょう。

　合計残高試算表の点線より上が、資産・負債・資本カテゴリーに属す勘定科目で、**試算日時点での残高**が確認できます。実際の金庫の中の現金や預金通帳と突合せてみるのもいいですね。そして点線より下が、費用・収益カテゴリーに属す勘定科目で、**期首から試算日までの発生総額**が確認できます。仕入れに対して売上は順調か、費用は必要以上に発生していないかなどを見ることができます。

第1章　腕試し3

X6年2月のTフォームの欄外に、貸借合計と残高（発生総額）を記入しましょう。
X6年2月28日時点の合計残高試算表を作成しましょう。
解答用紙は、サイト上に用意してありますのでダウンロードしてください。

16 締切と繰越って？

次は3月の準備だよ。Tフォームを見ると現金勘定と普通預金勘定は増減がはげしいから、3月は新しいTフォームを作ろう。ただし、2月の残高を3月に引き継いであげるんだよ。例えば2月の現金勘定を「2月の財布」と捉えよう。翌月には「3月の財布」を使うとしたら、2月末日には財布の中の現金を全額出して、3月の財布に入れるよね。同じことをTフォームでやるんだよ

締切と繰越

　試算表の作成により、2月のTフォーム（総勘定元帳）は正確であることがわかりました。次は3月に入りますが、現金勘定と普通預金勘定は、左右の転記の数が多く、このまま続けて記入していくと転記や集計時にミスしてしまいそうですね。そこで3月は新しい勘定を作ることにします。2月分の残高を引き出し、空っぽにする**締切**という作業と、引き出した残高を3月の新しいTフォームに引き継ぐ**繰越**という作業を行います。

　2月の現金勘定を例に解説します。現金同士の移動（振替え）なので、仕訳の必要はありません。

　図を参考にしてゆっくりと読み進めてください。

①2月の現金勘定の残高2,782,500円引き出すため、右（貸方）に、2月末日の日付と金額を記入し、相手勘定科目欄は「次月繰越」とする。現金（資産）の減少は、右（貸方）に記入するのでしたね。

②左右のうち、取引件数の多い最下の金額下に合わせて、左右とも赤線を引きます。

③②の下に左右（貸借）合計金額を記入します。これは一致するはずです。

④③の合計金額の下を二重赤線で区切ります。これで**左（借方）合計 − 右（貸方）合計 = 0** になり2月の現金勘定は精算されました。これが締切です。

⑤左右のうち取引件数が少ないほうの空欄は、今後の書き込みを禁止するため、赤斜線を引いて②の下線とつなげます。

▼現金勘定の締切

　　は金額を面積で表している

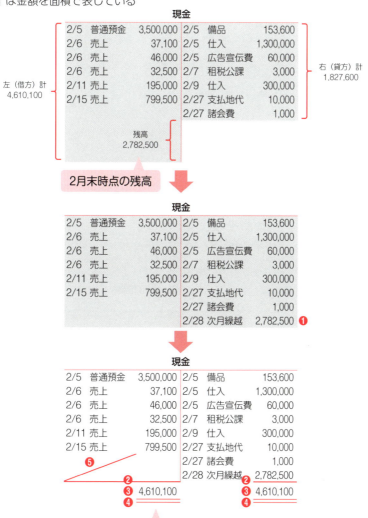

⑥ 3月用の現金勘定Tフォームを作成し、3/1付で①より2月の現金勘定から引き出した、2,782,500円を左（借方）に記入し、増加させます。

相手勘定科目欄は、「前月繰越」とします。

▼金額を左（借方）に記入し前月繰越とする

	現金		
3/1 前月繰越 ❻	2,782,500		

現金勘定がすっきりしましたね。現金勘定についてはこれで3月の準備ができました。

それでは、2月の普通預金勘定を締切り、3月用のTフォームを作成し、繰越しましょう。

▼普通預金勘定の締切と繰越

	普通預金		
2/5 資本金	5,000,000	2/5 現金	3,500,000
2/6 売上	48,500	2/25 諸口	19,500
		2/25 諸口	30,100
		2/28 諸口	200,300
		2/28 次月繰越	1,298,600
	5,048,500		5,048,500

	普通預金		
3/1 前月繰越	1,298,600		

普通預金勘定も3月の準備ができましたね。

> **チェック**
> ・会計期間中に使用している勘定の締切と繰越は必須ではありませんが、整理になるのでお勧めします。資産・負債カテゴリーに属す勘定が主に対象となります。

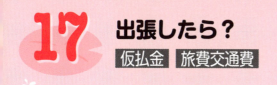 

17 出張したら？
仮払金　旅費交通費

 一泊で出張に行ってきます。概算で現金50,000円を持ち出します。何にいくら使うかは未定です。この場合の仕訳は？

用途未定の現金を会社から持ち出す　仮払金

出張などで、旅費や交通費の概算額として会社から現金を持ち出す場合も、会社から現金が減るので仕訳をします。しかし原因が書けませんね。

仕訳帳

X6年		借方		貸方
3	1	？？？ 50,000	現金	50,000

 これでは仕訳にならないわ。出張から戻ったときに仕訳を起こすという案はどうかしら？

 後でやればいいや…はうっかり忘れてしまうリスクがあるからダメだよ。こういう時に使う勘定科目があるんだよ

5大カテゴリーが増減した時に、帳簿に記録するのが望ましいですね。さて今回のケースは、会社が**「とりあえず50,000円をあなたに預けますからお使いください。」**という意味を持つ**仮払金**という勘定科目を使います。預けたお金なので資産に属します。今回は、資産である仮払金が増加したことになります※。なお、りりちゃんの出張費は仮払金から支払うことになります。

※「人に預けてあるお金が増えた」と捉えてください。

3/1	結果：会社の現金が50,000円減少した
	原因：出張のため、仮に50,000円を預けた（渡した）から

↓ 勘定科目に置き換える

3/1	結果：**現金**50,000円減少した	資産
	原因：**仮払金**50,000円増加した	資産

↓ カテゴリーと左右を確認して結果のほうから仕訳帳へ記入するとわかりやすい

仕訳帳

X6年	借方		貸方	
3	1	仮払金 50,000	現金	50,000

	資産	負債
		資本

増えた時の位置
減ったら逆

資産に属す
仮に預けたお金が増加したから左（借方）

資産に属す
減ったら右（貸方）

Tフォームにも転記します。仮払金勘定は新しく作成します。

▼ Tフォームへ転記

現金　　　　　　減少　　増加　　　仮払金
3/1 前月繰越 2,782,500 ｜ 3/1 仮払金 50,000　　3/1 現金 50,000

仮に預けてある

仮払金を精算する　旅費交通費

 出張から戻りました～。早速仮払金の精算をします。交通費15,000円、宿泊費12,800円でした。残額22,200円はお返しします

　会社が渡したお金を使って、出張費用を支払ったので仕訳の対象になります。交通費※や宿泊代の支払いは、**旅費交通費**という勘定科目を使います。費用に属します。この取引は、会社が渡した50,000円のうち、旅費交通費として27,800円を支払い、残額の22,200円を会社に返却したというものですね。仕訳は分けて考えてみます。

※電車、バス、タクシー代、ICカードのチャージを指します。

▼旅費交通費の支払い

旅費交通費の支払い

3/3	結果：会社が渡したお金が27,800円減少した
	原因：交通費15,000円、宿泊費12,800円を支払ったから

残額の返済

3/3	結果：会社に現金22,200円増加した
	原因：会社が渡したお金22,200円が返却されたから（仮払金が減る）

⬇ 勘定科目に置き換える

旅費交通費の支払い

3/3	結果：**仮払金**27,800円減少した	資産
	原因：**旅費交通費**27,800円支払った	費用

残額の返済

3/3	結果：**現金**22,200増加した	資産
	原因：**仮払金**22,200円減少した	資産

⬇ カテゴリーと左右を確認して、**仕訳帳へは、わかりやすいほうから記入しましょう**

仕訳帳

X6年		借方		貸方	
3	3	旅費交通費	27,800	仮払金	27,800
		現金	22,200	仮払金	22,200

	資産	負債
		資本

増えた時の位置
減ったら逆

費用に属す 発生したから左（借方）

⬇ 一方に同じ勘定科目が複数ある場合は合算する

費用	収益

発生した時の位置
取り消したら逆

（仕訳完成）

X6年		借方		貸方	
3	3	旅費交通費	27,800	仮払金	50,000
		現金	22,200		

資産に属す 増加したから左（借方）　　**資産に属す 渡したお金が減ったら右（貸方）**

Tフォームに転記した様子も見てみましょう。旅費交通費勘定は新しく作成します。お金の流れがわかりますね。

　現金勘定は、3/1に2,782,500円の残高でしたが、同日50,000円仮払いしたため減少。3/3に22,200円返却のため増加。よって、3/3残高は2,754,700円。実際の減少は、旅費交通費の分27,800円です。

　旅費交通費勘定は、3/3に27,800円発生しています。

　仮払金勘定は、3/1に仮に渡した分50,000円増加。3/3仮払金から、旅費交通費として27,800円を使い、残額の現金22,200円を会社に返却したため、合わせて50,000円減少。仮払金残高は0となります。

▼転記後のTフォーム

現金

増加							減少
3/1	前月繰越	2,782,500	3/1	仮払金			50,000
3/3	仮払金	22,200					

> 残高は2,754,700円。3/1の前月繰越額から出張費である27,800円が減少している

旅費交通費

発生			
3/3	仮払金		27,800

> 実際の出張費が発生した

仮払金

3/1	現金	50,000	3/3	諸口	50,000

> 左右同額になり残高は0

<補足>

　ICカードにチャージした時も仮払金として処理する場合があります。

　例 出張に際しICカードへ10000円チャージし、その他旅費として40,000円を従業員に渡した。

	借方		貸方	
	仮払金	50,000	現金	50,000

勘定科目

- **仮払金**(資産)　まだ用途や金額が確定しない支払いのために、会社が概算額を預ける(渡す)ことを指します。のちに用途や金額が確定したら仮払金を精算する仕訳を行います。精算後の仮払金勘定は0になります。つまり仮払金とは、取引が確定するまでの一時的な勘定科目です。
- **旅費交通費**(費用)　バス、電車、タクシーなどの交通費、ICカードのチャージ、宿泊費などを指します。

18 普通預金に利息がついていたら？
受取利息

普通預金通帳を記帳したら、お金が増えていました！
利息100円と記帳されていました。うふふ　仕訳します

利息を受け取った　受取利息

預金に利息がついたら、預金口座のお金が増加することになるので仕訳します。**利息を受け取る**ことは、**受取利息**という勘定科目を使います。会社の収入になるので収益に属します。

3/7	結果：普通預金が100円増加した
	原因：なぜなら、利息100円を受け取ったから

⬇ 勘定科目に置き換える

3/7	結果：**普通預金**100円増加した	資産
	原因：**受取利息**100円発生したから	収益

⬇ カテゴリーと左右を確認して、結果のほうから仕訳帳へ記入するとわかりやすい

仕訳帳

 仕訳完成

X6年		借方		貸方	
3	7	普通預金	100	受取利息	100

　　　　↑資産に属す 増加したら左（借方）　　↑収益に属す 発生したら右（貸方）

資産	負債
	資本

増えた時の位置
減ったら逆

費用	収益

発生した時の位置
取り消したら逆

勘定科目

・**受取利息**（収益）　利息を受け取ることを指します。預金利息や他人にお金を貸し付けた時に受け取る貸付利息などが該当します。

19 商品代金として小切手を受け取ったら？ 現金

カメオ㈱に商品730,000円を売り上げたのですが、代金として小切手を受け取りました

他社が作成した小切手を受け取ったら現金と同じ扱いだよ

他社振り出しの小切手を受け取った　現金

　小切手は、**現金の代わりに支払いに使える証券**です。支払金額を記載して相手に渡すことで、現金を持ち歩かず安全に支払いができます。受け取った人は、小切手を銀行に持参し、記載金額を換金します。

　今回の取引では、カメオ㈱が小切手に730,000円と記載し、floglifeへの支払いに使用しました。floglifeは、受け取った小切手をいったん金庫に保管しておいたとしても、いずれは換金するので、仕訳では現金の増加取引として記帳します。

▼受け取った小切手のイメージ

```
           小 切 手
  支払地　雨上がり銀行
      金額    ￥730,000-
  上記の金額をこの小切手と引き換えに持参人へお支払いください

  振出日： X6年3月12日        振出人： カメオ㈱
```

3/12	結果：730,000円の小切手を受け取った
	原因：730,000円の商品を売り上げたから

 勘定科目に置き換える

3/12	結果：**現金**730,000円増加した	資産
	原因：**売上**730,000円発生したから	収益

 カテゴリーと左右を確認して、結果のほうから
仕訳帳へ記入するとわかりやすい

仕訳帳

X6年	借方		貸方	
3 12	現金	730,000	売上	730,000

 明日さっそく換金してくるわ。いずれ私も小切手を使ってみたいわ

チェック

- 他社が作成した小切手を受け取ったら、現金の増加として仕訳します。小切手という勘定科目はありません。
- 小切手のように、換金できる証券のことを**通貨代用証券**といいます。金融機関が発行する**送金小切手**や**郵便為替証書**なども該当します。
- 受け取った小切手は、支払いに使うこともできます。

例題で確認

例 本日50,000円の仕入をした。代金は、以前受け取っていた小切手で支払った。
（受け取った小切手の記載額は50,000円で、受取時に現金の増加として仕訳ずみ）

3/12	結果：50,000円と記載された小切手が減少した
	原因：50,000円分の仕入をしたから

 勘定科目に置き換える

3/12	結果：**現金**50,000円減少した	資産
	原因：**仕入**50,000円発生したから	収益

借方		貸方	
仕入	50,000	現金	50,000

20 店舗で使用する少額な物を購入したら？

消耗品費 | 雑費

店舗で使用する雑貨を購入しました。ついでにスマホも契約してきました。すべて現金で支払ったので領収証を見てください

まあ色々と買ってきたね

▼受け取った領収証のイメージ

納品書 兼 領収証　X6年3月15日
floglife 株式会社　御中　㈱TANISHI Ⓣ
登録番号：TXXXXXXXXXXXX

品物	数量	単価	金額
足ふきマット	1	1,500	1,500 円
洗剤	5	400	2,000 円
コピー用紙20枚入	1	180	180 円
高級カエルせんべい	1	230	230 円
合計			3,910 円

X6年3月15日　上記金額を領収いたしました

領収証　X6年3月15日
floglife 株式会社　御中　㈱MOGAERU
登録番号：TXXXXXXXXXXXX

品物	数量	単価	金額
カエルスマホ本体	1	35,000	35,000 円
合計			35,000 円

X6年3月15日　上記金額を領収いたしました
※通話料は、毎月26日に普通預金口座から引き落としとします。

　社内で使用する事務用品や日用品は、たいてい1年以内に使い果たす少額※なものが多いですね。その中で、消耗してしまうため発生割合が多いものは**消耗品費**、それ以外は**雑費**という勘定科目を使います。商売に必要な支払いなので費用に属します。

※少額の目安は10万円未満です。

▼消耗品費と雑費の例

消耗品費	雑費
コピー用紙、ノートなどの事務用品 トイレットペーパー、洗剤など	クリーニング代、来客用お茶菓子 など

足ふきマット、洗剤、コピー用紙、スマートフォンは消耗品費、高級カエルせんべいは雑費で記帳します。

仕訳帳

X6年		借方		貸方	
3	15	消耗品費 雑費	38,680 230	現金	38,910

仕訳完成

―＜補足＞――
10万円以上の高額なスマートフォンは、資産価値のある**備品**で処理するのが一般的です。

勘定科目

- **消耗品費**（費用）　日常的に使用し、1年以内に消費する少額な物の支払いを指します。ただし、1年以上使用できる備品についても100,000円未満なら、消耗品費で記帳することもできます。
- **雑費**（費用）　消耗品費に分類できない少額支払いを指します。

あれ？ 現金残高が帳簿と合わない！

どうしましょう。総勘定元帳の現金残高より金庫内の現金のほうが1,000円多いんです

▼金庫の中の現金残高と帳簿上の残高

金庫 1,609,790円	増加			現金	減少		
	3/1	前月繰越	2,782,500	3/1	仮払金	50,000	
	3/3	仮払金	22200	3/13	普通預金	2,500,000	
	3/12	売上	730000	3/15	諸口	38,910	
	3/17	売上	35000	3/18	租税公課	2,000	貸方合計 2,590,910
	3/19	売上	630000				
借方合計 4,199,700 残高 1,608,790							

現金残高が帳簿と合わない　現金過不足

　現金の実際残高と帳簿上の残高は本来一致しているはずですが、記帳ミスや紛失などで差異が生じる場合があります。調査しても原因が判明しない場合はとりあえず両者の残高を一致させる必要があります。

　その際、**帳簿を実際残高に合わせる仕訳を行います。**今回の場合は帳簿の現金勘定を1,000円増加させます。

　原因不明の現金の差異は、**現金過不足**という勘定科目を使います。**現金過不足は原因が判明するまでの一時的な勘定科目**なので5大カテゴリーには属しません。

えっ！ 5大カテゴリーに属さない勘定科目があるんですね

あくまでも一時的に使う勘定科目だから。まあまあ

3/23	結果：現金1,000円増加した
	原因：原因は不明だが、実際の現金が1,000円多いため

↓ 勘定科目に置き換える

3/23	結果：**現金**1,000円増加した	資産
	原因：**現金過不足**1,000円	

↓ 資産に属す現金から記入する。反対側に現金過不足を記入

仕訳帳

仕訳完成

X6年	借方		貸方	
3	23	現金 1,000	現金過不足	1,000

資産に属す 増加したら左(借方)

5大カテゴリーに属さないので、現金記入後、反対側に記入される

　現金過不足勘定を作成し、Tフォームに転記した様子も見てみましょう。現金勘定が1,000円増加したので残高が金庫の現金と一致しました。

▼現金の実際残高と帳簿上の残高が一致した

金庫
1,609,790円

借方合計 4,200,700
残高 1,609,790

金庫の現金残高と一致

現金

増加			減少		
3/1	前月繰越	2,782,500	3/1	仮払金	50,000
3/3	仮払金	22,200	3/13	普通預金	2,500,000
3/12	売上	730,000	3/15	諸口	38,910
3/17	売上	35,000	3/18	租税公課	2,000
3/19	売上	630,000			
3/23	現金過不足	1,000			

貸方合計 2,590,910

現金過不足

	3/23 現金	1,000

勘定科目

- **現金過不足**（なし）　現金の実際残高と帳簿上の残高に差異が生じた時点においてその原因が不明である場合に、帳簿上の残高を実際残高に合わせるために使用する一時的な勘定科目です。5大カテゴリーには属していません。一時的とは、差異の原因が判明したら正しい仕訳を行うため、残高が0になり、消滅するという意味です。

例題で確認

例 現金の実際残高より帳簿残高が多いとき
- **手元現金 10,000円、総勘定元帳の現金残高 12,000円。原因は不明のため現金過不足で処理する**（帳簿の現金残高が減少するように仕訳）

結果：現金 2,000円減少した	資産
原因：現金過不足 2,000円	

↓ 資産に属す現金の減少を先に記入します

借方		貸方	
現金過不足	2,000	現金	2,000

- 5大カテゴリーに属さないので、現金記入後、反対側に記入される
- 資産に属す 減少したら右（貸方）

チェック

- 現金について、実際残高と帳簿残高に原因不明の差異があったら、**実際残高に合わせる**仕訳をします。「**実際は強し**」と覚えましょう。

▼現金過不足が生じた際の仕訳のまとめ

手元の現金が帳簿より**多い** 帳簿の現金を**増加** 相手勘定科目は現金過不足		手元の現金が帳簿より**少ない** 帳簿の現金を**減少** 相手勘定科目は現金過不足	
借方	貸方	借方	貸方
現金 x,xxx	現金過不足 x,xxx	現金過不足 x,xxx	**現金** x,xxx

22 現金過不足の原因が判明したら？

現金過不足の原因がわかりました。先日現金で36,000円の商品を売り上げたのに、以下のように仕訳していました

借方		貸方	
現金	35,000	売上	35,000

あらら金額を間違って仕訳してしまったんだね。実際現金残高と帳簿残高が合わないのはそれが原因だね。そうなると正しい状態にするための仕訳が必要になるね

すでに現金は実際と帳簿を一致させましたよね。次のように帳簿の現金を1000円増加させました

X6年		借方		貸方	
3	23	現金	1,000	現金過不足	1,000

そうだね。現金については修正済みということになるね。あとはどんな仕訳が必要になるのかな？

売り上げが1,000円足りないような…

現金過不足の原因が判明した時

　前節の現金差異の原因が判明したので、売上を1000円発生させる仕訳が必要になります。さっそく処理にはいりましょう。

　仕訳の右側は、売上1,000円で確定です。

X6年		借方		貸方	
3	24			売上	1,000

仕訳の左側は、現金過不足を使います。前回の仕訳にて現金を一致させるために現金過不足を使ったからです。ここがポイントです。

X6年		借方		貸方	
3	24	現金過不足	1,000	売上	1,000

上記の仕訳をTフォームに転記した様子は以下の通りです。
現金過不足勘定の残高が0になったことを確認しておきましょう。

▼Tフォームに転記した様子

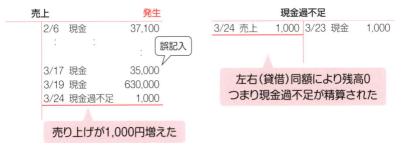

前節で「現金過不足は一時的な勘定科目」と言ったわけが分かりました

―＜補足＞―
以下のように見ることで、仕訳からも現金過不足が精算される様子が確認できます。

3	23	現金	1,000	現金過不足	1,000

3	24	現金過不足	1,000	売上	1,000

チェック

・現金過不足の原因が不明のまま決算を迎えてしまうこともあります。その時は、また別の勘定科目に振替える処理をします。第2章33節で解説します

第1章　腕試し4

・X6年3月中の取引を仕訳し、Tフォームに転記しましょう。
・Tフォームの集計を行い、X6年3月31日付けの残高試算表を作成しましょう。

　決算直前の試算表は、残高試算表を作成します。決算時には決算整理前残高試算表として使用するからです。

　解答用紙は、サイト上に用意してありますのでダウンロードしてください。

残高試算表

X6年3月31日

借方残高	勘定科目	貸方残高
1,598,790	現　　　　　金	
3,401,750	普　通　預　金	
153,600	備　　　　　品	
	資　　本　　金	5,000,000
	売　　　　　上	3,414,600
	受　取　利　息	100
2,600,000	仕　　　　　入	
400,000	役　員　報　酬	
60,000	広　告　宣　伝　費	
27,800	旅　費　交　通　費	
5,000	租　税　公　課	
60,000	支　払　家　賃	
20,000	支　払　地　代	
800	支　払　手　数　料	
32,500	水　道　光　熱　費	
13,550	通　　信　　費	
2,000	諸　　会　　費	
38,680	消　耗　品　費	
230	雑　　　　　費	
8,414,700		8,414,700

今日は3月31日。会計期間の最終日で決算日だ。ここで作成した残高試算表は、決算直前の試算表ということになるからね

23 決算

起業して2カ月ですが、今日は決算日（3月31日）です。早く利益を計算したいわ。さっそく損益計算書と貸借対照表を作成しましょう

残念だがすぐにはできない。総勘定元帳の各勘定残高はいくつか修正が必要だからだ。それから当期に区切りをつけるための締切と次期への繰越も行う。チェックも必要だ。多くの作業をクリアしたあとでようやく財務諸表を作成するんだ

決算手続きの流れ

決算とは、財務諸表である損益計算書（P/L）と貸借対照表（B/S）を作成するまでの一連の手続きをいいます。決算予備手続きを経て、決算本手続きを行います。

【決算予備手続き】
1. 主要簿と決算整理前残高試算表を検証
2. 決算整理事項のまとめ
3. （2をもとに）決算整理仕訳とTフォームへの転記
4. 決算整理後残高試算表の作成（3.のチェック）
5. 精算表の作成

決算予備手続きが済むと、当期財務諸表に載せる数字が確定したことになります。決算本手続きでは、当期の総勘定元帳を締切りながら財務諸表を作成します。

【決算本手続き】
1. 総勘定元帳の費用・収益勘定の締切
   損益勘定より利益（損失）の確定

2. （1より）繰越利益剰余金勘定への振替え
3. 総勘定元帳の資産・負債・資本勘定の締切と繰越
　　繰越試算表の作成
4. 損益勘定より損益計算書の作成
5. 繰越試算表より貸借対照表の作成

では、決算予備手続きに入りましょう。

決算予備手続き Step1　主要簿と決算整理前残高試算表の検証

【決算予備手続き】
1. **主要簿と決算整理前残高試算表を検証**
2. 決算整理事項のまとめ
3. （2をもとに）決算整理仕訳とTフォームへの転記
4. 決算整理後残高試算表の作成（3.のチェック）
5. 精算表の作成

　主要簿とは仕訳帳と総勘定元帳のことですね。これらをじっくり見て、当期の取引を検証し、仕訳もれやミスがないか確認します。ミスが見つかれば、Step3で修正仕訳をおこします。取引の検証は会計期間中に適切に行っていれば、決算に入っても慌てずに済みます。

　決算整理前残高試算表とは、期末時点での残高試算表を指しています（92ページ）。主要簿の検証後、こちらも貸借の金額が一致していれば問題はないでしょう。floglife㈱では、主要簿も決算整理前残高試算表も問題なしとします。

決算予備手続き Step2　決算整理事項のまとめ

【決算予備手続き】
1. 主要簿と決算整理前残高試算表を検証
2. **決算整理事項のまとめ**
3. （2をもとに）決算整理仕訳とTフォームへの転記
4. 決算整理後残高試算表の作成（3.のチェック）
5. 精算表の作成

決算時に整理・修正が必要な事項がいくつかあります。主な整理事項※は以下のリストの通りです。当期 floglife ㈱に必要な事項には○印がついています。

※日商簿記検定3級で扱う決算整理事項を使用しています。

決算整理事項		備考
未処理取引の仕訳、仕訳ミスの修正記入		なし
貯蔵品への振替 (未使用の収入印紙や郵便切手がある場合)	○	
売上原価の算定 (売れ残り商品がある場合)	○	
費用の前払い、未払い処理 収益の前受け、未収処理		費用と収益は当期分のみが記帳されているため不要
固定資産の減価償却 (固定資産を所有している場合)	○	
現金過不足の精算		期中に解決ずみ
貸倒引当金の設定 (未回収の商品代金がある場合)		商品代金はすべて受け取っているため不要
当座借越の処理 (当座預金口座を開設している場合)		当座預金口座を持っていないため不要

※消費税の処理は割愛しています。

決算予備手続き Step3
決算整理仕訳とTフォームへの転記

【決算予備手続き】
1. 主要簿と決算整理前残高試算表を検証
2. 決算整理事項のまとめ
3. **(2をもとに) 決算整理仕訳とTフォームへの転記**
4. 決算整理後残高試算表の作成 (3.のチェック)
5. 精算表の作成

Step2 の決算整理事項から決算整理仕訳をおこしましょう。

未使用の収入印紙は残っているかな？ これらは次期に使うことになるから、処理が必要だよ

未使用の収入印紙が3,800円分ありました

● 貯蔵品への振替　貯蔵品

　当期に購入した収入印紙は、租税公課（費用）で処理していますが、未使用分は当期の費用になりません。**簿記上の費用とは、当期に消費したもの**を指します。よって決算時に租税公課から未使用分を引き出します。引き出した未使用分は次期に使えるので**貯蔵品**（資産）という勘定科目に振替えます。貯蔵品は、未使用のまま貯蔵されている品という意味です。資産に属すので次期に繰り越すことができます。

　次の図が振替のイメージです。振替とは勘定科目間の金額の移動のことです。今回は未使用分の収入印紙を租税公課勘定から引き出して、貯蔵品勘定を同額増加させています。

▼租税公課から貯蔵品へ振替

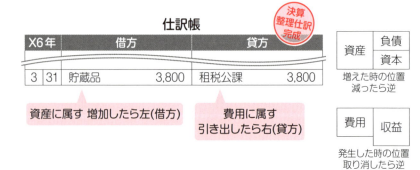

上の図より、仕訳をおこしましょう。

Tフォームに転記して確認しましょう。

▼Tフォームへ転記

租税公課

借方合計 5,000	2/7 現金	3,000	3/31 貯蔵品	3,800	貸方合計 3,800
発生総額 1,200	3/18 現金	2,000			

当期の消費額に修正された

未使用分を引き出した

貯蔵品

借方計 3,800	3/31 租税公課	3,800	
残高 3,800			

未使用分は次期に繰り越す

ふむふむ。購入時はありのままを仕訳して、決算時に当期の租税公課勘定から未使用分を引き出すのですね。費用は「当期に消費された支出」の意味がわかってきました

勘定科目

- **貯蔵品**（資産）　未使用のまま保管されているものを指します。収入印紙や郵便切手※などが該当します。それらは決算時に貯蔵品に振替え、次期に繰り越します。

※郵便切手は通信費勘定、収入印紙は租税公課勘定に記入されています。

決算時の貯蔵品への振替えイメージと仕訳は次の図のとおりです。

▼決算時の貯蔵品への振替えイメージと仕訳

X年		借方		貸方	
X	X	貯蔵品	X,XXX	租税公課など	X,XXX

商品って全部売れたの？

いいえ。棚卸しを行った結果、仕入原価で330,000円の売れ残りがありました。

売れ残りは次期に販売するから、当期の仕入勘定から引きださなければならないよ

●売上原価の算定　仕入　繰越商品

　当期に売れ残った商品の合計金額を**期末商品棚卸高**（たなおろしだか）といいます。仕入原価で集計します。floglife㈱の期末商品棚卸高は330,000円でした。これらは次期に入ってから販売するので、当期の仕入勘定から引き出して、**繰越商品**（資産）という勘定科目に振替えます。繰越商品は、決算時のみ使用する勘定科目です。資産に属しているので次期に繰り越せます。振替のイメージは次の図のとおりです。

▼仕入から繰越商品へ振替える

では、上の図より、仕訳をおこしましょう。

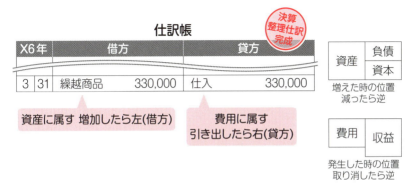

Tフォームにも転記します。仕入勘定には当期に売れた商品の仕入原価2,270,000円が残ることになります（以下の計算式と図で確認）。

当期仕入額 － 売れ残り（期末商品棚卸高） ＝ 当期に売れた商品の仕入原価

▼仕入勘定と繰越商品のTフォーム

```
                        発生                    仕入
借方合計 2,600,000    2/5  現金    1,300,000  │ 3/31 繰越商品   330,000
発生総額 2,270,000    2/9  現金      300,000  │
                    3/4  普通預金 1,000,000  │
```

売れた商品の原価

当期仕入れ額 ／ 売れ残り

```
                              繰越商品
借方合計 330,000      3/31 仕入    330,000
残高    330,000
```

売れ残りは次期に繰り越す

先ほどの仕訳について、改めて考えてみましょう。

問題だよ。100円の鉛筆を10本仕入れて、1本130円で販売しました。3本売れたら商品の利益はいくらだと思う？

売上額は390円で、3本の原価（仕入原価）は300円だから利益は90円ですね

その通り。商品の利益は、売上額から売れた商品の仕入原価を引くんだよ。ちなみに売れた**商品の仕入原価**のことを**売上原価**という

ということは売上額は390円で売上原価は300円ということですね

floglifeの場合は先ほどの仕訳により修正された仕入勘定の発生総額2,270,000円が売上原価を意味する

なるほど。利益はのちに損益計算書で計算されるから、そこでこの売上原価が必要なんですね

　仕入勘定から、期末商品棚卸高を繰越商品に振替えると、仕入勘定の残額が売上原価になります。売上原価はのちに損益計算書で必要になります。先ほどの仕訳が、売上原価を算定する仕訳だったのです。

勘定科目

- **仕入**（費用）　決算時は、売上原価算定の仕訳により、この勘定名のまま売上原価勘定として使用します。
- **繰越商品**（資産）　仕入勘定から引き出された期末商品棚卸高の振替先です。その名前のとおり、次期へ繰り越す商品を表します。

チェック

- 仕入勘定から期末商品棚卸高を繰越商品勘定に振り替える仕訳を起こすと仕入勘定の残高が売上原価になります。つまり、次の図の仕訳をすることにより売上原価算定の仕訳が完成します。
- 次の図の仕訳は、初年度決算時の売上原価算定の仕訳となります。
- 次年度以降の売上原価の算定は、仕訳が異なります。第2章33節で解説します。

▼初年度決算時の売上原価算定の仕訳

X年		借方		貸方	
3	31	繰越商品	XXX,XXX	仕入	XXX,XXX

陳列棚を購入して、備品として帳簿に記録したね。あの陳列棚は、今も購入時と同じ価値があると思う？

う〜ん、使っていくうちに古くなるから価値は下がるわ。ということは、備品の金額を変えるのかしら？

そのとおり。この処理を減価償却というんだよ。「減価」とは価値を下げることだ。つまり減価償却は価値の減少分を費用化するという意味だよ

● **固定資産の減価償却　減価償却費　〇〇減価償却累計額**

備品のように1年以上長期にわたって使用する高価な資産を固定資産※といいます。

※固定資産には、形のある有形固定資産とソフトウェアや特許権など形のない無形固定資産があり、本書では有形固定資産を扱います。

▼**固定資産の例**

土地	店舗や倉庫の敷地、駐車場など
建物	店舗、倉庫、工場、事務所など
車両	社用の車、トラック、オートバイなど
備品	事務用机、椅子、パソコンなど

　土地以外の固定資産は、時の経過とともに価値が減少していきます。これを、「消費した（支払った）」と捉え、**減価償却費**という費用に属す勘定科目を使って金額化します。そして固定資産も同額を減少させます。この処理が**減価償却**です。

　Floglife㈱の固定資産である備品（陳列棚）の減価償却をしましょう。

ところで減価償却費は、私が金額を決めていいの？

だめだ。決められた計算式を使う。「耐用年数」と「残存価額」という要素が必要だ

減価償却費の計算方法はいくつかありますが、floglife㈱は、毎期一定の減価償却費とする**定額法**を採用します。計算式は以下の通りです。

1年間の減価償却費 =（取得原価 − 残存価額）÷耐用年数

取得原価	固定資産の購入価格＋付随費用 付随費用とは、固定資産が店舗で使用可能な状態になるまでにかかった費用です。例えば運送費や設置費用などがあります。当期にfloglife㈱が購入した陳列棚は、購入価格が153,600円、付随費用0円でした。詳しくは第2章21節で解説します。
残存価額	耐用年数経過後に残す価値
耐用年数	税法で定められたその固定資産の使用可能な年数 固定資産の種類に応じて異なる 法定耐用年数ともいう

備品の減価償却費を計算しましょう。

陳列棚の耐用年数は8年、残存価額は0円だ。これで計算できるね

(153,600円 − 0円) ÷ 8年 = 19,200円

1年間の減価償却費は19,200円になりました。
しかしfloglife㈱はX6年2月5日に陳列棚を購入したので、使用期間は2月5日〜3月31日までの2カ月になります。このような場合は月割り※にして2カ月分の減価償却費を計上します。
※減価償却における月割りは、1カ月に満たない使用でも1カ月とします。

19,200円 × 2/12カ月 = 3,200円

当期の減価償却費3,200円が算定できました。
では仕訳をしましょう。

3/31	結果：**備品**の価値が3,200円減少した
	原因：**減価償却費**3,200円発生したから（備品を3,200円分消費したから）

減価償却費（費用）の発生なので、仕訳は左（借方）に記入します。右側には備品の減少を記入しますが、直接法と間接法という2つの記入方法があります。

X6年	借方		貸方
3	31	減価償却費　　　　3,200	備品3,200円減少

直接法？　　間接法？

直接法は、**備品を直接減少**させるように記入する方法です。仕訳とTフォームに転記した場合の様子を確認しましょう。

X6年	借方		貸方
3	31	減価償却費　　　　3,200	備品　　　　3,200

直接法

▼直接法で転記したときのTフォーム

```
                     発生           減価償却費
借方合計 3,200      3/31 備品   3,200
発生総額 3,200
```

```
                     増加           備品            減少
借方合計 153,600    2/5 現金  153,600  3/31 減価償却費 3,200
残高 150,400
```

備品勘定が減少した

直接法の場合、備品の3/31現在の価値は、備品勘定の残高150,400円です。

間接法は、**備品を間接的に減少**させる**備品減価償却累計額**という勘定科目を使用する方法です。資産に属しますが、資産の減少分を扱うため、あえて「資産のマイナス」カテゴリーとします。備品の減少分は右（貸方）に記入します。仕訳とＴフォームに転記した場合の様子を確認しましょう。

▼間接法で転記したときのＴフォーム

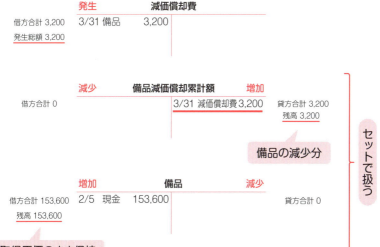

　間接法の場合、備品勘定の残高は取得原価のままです。したがって備品の3/31時点の実際の価値は、備品勘定から備品減価償却累計額を引いて（153,600－3,200）、150,400円と把握します。

　よって、間接法では、備品勘定と備品減価償却累計額をセットで見る必要があります。

　floglife㈱は間接法を採用します。

> **勘定科目**
>
> ・**減価償却費**（費用）　固定資産の消費分を指します。
> ・**〇〇※減価償却累計額（資産のマイナス）**　固定資産の価値の減少額を指します。減少したら右（貸方）に記入します。
> ※対象の固定資産名が入ります。

> **チェック**
>
> ・土地以外の固定資産について、決算時における価値の減少の反映と費用化を行う作業が減価償却です。

●定額法による減価償却費の計算

> １年間の減価償却費 ＝（取得原価 － 残存価額）÷耐用年数※

※耐用年数は、国税庁のホームページより法定耐用年数を調べることができます。

期中に固定資産を取得した場合の減価償却費は月割りで計算します。

> 月割りの減価償却費 ＝ １年間の減価償却費 × 使用月数/12

●間接法を使った減価償却時の仕訳

借方	貸方
減価償却費　　　　　　X,XXX	〇〇減価償却累計額　　　X,XXX

　間接法は、〇〇減価償却累計額勘定で固定資産が減少する様子を把握でき、固定資産の勘定はいつでも取得原価を把握できるというメリットがあります。現在の価値は、固定資産の勘定から〇〇備品減価償却累計額を引いて取得します。

> **日商簿記検定３級対策**
>
> ・日商簿記検定３級では、減価償却の計算方法は定額法、記入方法は間接法が多く出題されます。

―＜補足＞――――――――――――――――――――――――――――――
実務における減価償却
・2007年3月31日以前に取得した減価償却対象の固定資産は、残存簿価10%[※]を残す必要がありました。しかし税法改正により、2007年4月1日以降に取得した減価償却対象の有形固定資産[※]は、残存簿価1円まで償却できるようになっています。
・個人事業主は、定額法で計算するよう定められています。
・法人は原則定率法で計算しますが、あらかじめ税務署に届出書を提出すると定額法での計算が可能になります。本書では定額法を取り上げています。
・定率法による減価償却費 ＝ 未償却の固定資産の帳簿価額 × 償却率[※]より算定します。初年度の減価償却費が最も高く、年々減少していきます。
　※国税庁のホームページから償却率を調べることができます。

決算予備手続き Step4　決算整理後残高試算表の作成

【決算予備手続き】
1. 主要簿と決算整理前残高試算表を検証
2. 決算整理事項のまとめ
3. （2をもとに）決算整理仕訳とTフォームへの転記
4. **決算整理後残高試算表の作成（3.のチェック）**
5. 精算表の作成

　前項の決算整理仕訳をTフォームに転記したら、やはり転記ミスのチェックをします。決算整理**後**残高試算表を作成します。

▼決算整理後残高試算表

決算整理後残高試算表
X6年3月31日

借方残高	勘定科目	貸方残高
1,598,790	現　　　金	
3,401,750	普 通 預 金	
153,600	備　　　品	
	備品減価償却累計額	3,200
3,800	貯 蔵 品	
330,000	繰 越 商 品	
	資 本 金	5,000,000
	売　　　上	3,414,600
	受 取 利 息	100
2,270,000	仕　　　入	
400,000	役 員 報 酬	
60,000	広 告 宣 伝 費	
27,800	旅 費 交 通 費	
1,200	租 税 公 課	
60,000	支 払 家 賃	
20,000	支 払 地 代	
800	支 払 手 数 料	
32,500	水 道 光 熱 費	
13,550	通 信 費	
2,000	諸 会 費	
38,680	消 耗 品 費	
3,200	減価償却費	
230	雑　　　費	
8,417,900		8,417,900

〔貯蔵品〕借方合計 3,800　残高 3,800　3/31 租税公課 3,800
〔繰越商品〕借方合計 330,000　残高 330,000　3/31 仕入 330,000
〔仕入〕借方合計 2,600,000　発生総額 2,270,000　2/5 現金 1,300,000　2/9 現金 300,000　3/4 普通預金 1,000,000　3/31 繰越商品 330,000　貸方合計 330,000
〔租税公課〕借方合計 5,000　発生総額 1,200　2/7 現金 3,000　3/18 現金 2,000　3/31 貯蔵品 3,800　貸方合計 3,800
〔減価償却費〕借方合計 3,200　発生総額 3,200　3/31 備品減価償却累計額 3,200
〔備品減価償却累計額〕3/31 減価償却費 3,200　貸方合計 3,200　残高 3,200

　決算整理後残高試算表の貸借残高が同額になれば、決算整理仕訳のＴフォームへの転記は正しく行えたといえます。ようやく当期の数字が確定しました。

決算予備手続き Step5　精算表の作成

【決算予備手続き】
1. 主要簿と決算整理前残高試算表を検証
2. 決算整理事項のまとめ
3. （2をもとに）決算整理仕訳とＴフォームへの転記
4. 決算整理後残高試算表の作成（3.のチェック）
5. **精算表の作成**

　本来はここから決算本手続きに入るのですが、前項で当期の数字が確定したので、できれば早く利益を確認したいですね。**精算表**を使えば決算整理前残高試算表→決算整理仕訳→財務諸表作成という決算の流れを一覧で簡易作成できます。つまり利益も確認できるのです。

さて本書の精算表は、残高試算表、整理記入、損益計算書、貸借対照表の4表をもつ8桁精算表というフォーマットを使用します。

▼8桁精算表のフォーマット

①決算整理前残高試算表
当期の取引がすべて記入された各勘定の残高（発生総額）

②決算整理仕訳
決算時に必要な算定と修正事項の仕訳

③財務諸表
①と②で確定した当期の数字から財務諸表を作成する

勘定科目	残高試算表		整理記入		損益計算書		貸借対照表	
	借方	貸方	借方	貸方	借方	貸方	借方	貸方

● **精算表の作成　残高試算表欄の記入**

上図の①の残高試算表とは決算整理**前（まえ）**残高試算表を指します。92ページ記載の残高試算表の勘定科目と残高を精算表に転記し、貸借の合計を算出します。合計の一致を確認したら、合計欄の上部には実線を、下部には二重下線を引きます。

▼決算整理前（まえ）残高試算表を精算表へ転記

決算整理前残高試算表
X6年3月31日

借方残高	勘定科目	貸方残高
1,598,790	現　　　金	
3,401,750	普 通 預 金	
153,600	備　　　品	
	資 　本 　金	5,000,000
	売　　　上	3,414,600
	受 取 利 息	100
2,600,000	仕　　　入	
400,000	役 員 報 酬	
60,000	広 告 宣 伝 費	
27,800	旅 費 交 通 費	
5,000	租 税 公 課	
60,000	支 払 家 賃	
20,000	支 払 地 代	
800	支 払 手 数 料	
32,500	水 道 光 熱 費	
13,550	通 　信 　費	
2,000	諸 　会 　費	
38,680	消 耗 品 費	
230	雑　　　費	
8,414,700		8,414,700

精算表

勘定科目	残高試算表 借方	残高試算表 貸方
現　　　金	1,598,790	
普 通 預 金	3,401,750	
備　　　品	153,600	
資 　本 　金		5,000,000
売　　　上		3,414,600
受 取 利 息		100
仕　　　入	2,600,000	
役 員 報 酬	400,000	
広 告 宣 伝 費	60,000	
旅 費 交 通 費	27,800	
租 税 公 課	5,000	
支 払 家 賃	60,000	
支 払 地 代	20,000	
支 払 手 数 料	800	
水 道 光 熱 費	32,500	
通 　信 　費	13,550	
諸 　会 　費	2,000	
消 耗 品 費	38,680	
雑　　　費	230	
	8,414,700	8,414,700

勘定科目と貸借の残高を転記

合計は転記せず計算しましょう
左表との一致を確認後、上部は実線、下部に二重線を引きます。

残高試算表欄が完成しました。

●**精算表の作成　整理記入欄の記入**

　前ページの図の②の整理記入とは、決算整理仕訳の記入を指します。95～105ページで行った決算整理仕訳を転記しましょう。勘定科目と左右の位置を間違えないように転記します。なお、追加する勘定科目は残高試算表の合計欄の次の行から記入します。転記後は、勘定科目の最終行から1行空けて整理記入の貸借合計を算出します。転記ミスがなければ貸借合計は一致します。

▼決算整理仕訳を精算表へ転記

決算整理仕訳

x6年		借方		貸方	
3	31	繰越商品	330,000	仕入	330,000
	31	減価償却費	3,200	備品減価償却累計額	3,200
	31	貯蔵品	3,800	租税公課	3,800

整理記入欄へ転記する

転記例）
繰越商品は勘定科目を追加して、金額を借方に記入
仕入は、金額を貸方に記入
他仕訳も同様です。

精算表

勘定科目	残高試算表		整理記入	
	借方	貸方	借方	貸方
現　　　金	1,598,790			
普 通 預 金	3,401,750			
備　　　品	153,600			
資 本 金		5,000,000		
売　　　上		3,414,600		
受 取 利 息		100		
仕　　　入	2,600,000			330,000
役 員 報 酬	400,000			
広 告 宣 伝 費	60,000			
旅 費 交 通 費	27,800			
租 税 公 課	5,000			3,800
支 払 家 賃	60,000			
支 払 地 代	20,000			
支 払 手 数 料	800			
水 道 光 熱 費	32,500			
通 信 費	13,550			
諸 会 費	2,000			
消 耗 品 費	38,680			
雑　　　費	230			
	8,414,700	8,414,700		
繰 越 商 品			330,000	
減 価 償 却 費			3,200	
備品減価償却累計額				3,200
貯 蔵 品			3,800	
			337,000	337,000

追加する勘定科目は
残高試算表の合計の下欄から記入

転記後は、勘定科目の最終行から
1行空けて合計を記入する。
転記ミスがなければ貸借合計は一致する
上部に実線、下部に二重線を引く

整理記入欄が完成しました。

●精算表の作成　損益計算書欄と貸借対照表欄の記入

　残高試算表欄と整理記入欄を加減算して、財務諸表欄（損益計算書欄と貸借対照表欄）に転記します。が、まずは各勘定科目の残高（発生総額）がどちらに転記されるかを明らかにしておきましょう。転記に慣れるまでは、図の赤字のように、勘定科目の横と財務諸表欄の上部にカテゴリー名を補足として書き入れるとわかりやすいと思います。

▼勘定科目の横と財務諸表欄の上部にカテゴリー名を補足として書き入れる

精算表

	勘定科目	残高試算表 借方	残高試算表 貸方	整理記入 借方	整理記入 貸方	損益計算書(費用) 借方	損益計算書(収益) 貸方	貸借対照表(資産) 借方	貸借対照表(負債と資本) 貸方
資産	現　　　　金	1,598,790							
資産	普 通 預 金	3,401,750							
資産	備　　　　品	153,600							
資本	資 　本　 金		5,000,000						
収益	売　　　　上		3,414,600						
収益	受 取 利 息		100						
費用	仕　　　　入	2,600,000			330,000				
費用	役 員 報 酬	400,000							
費用	広 告 宣 伝 費	60,000							
費用	旅 費 交 通 費	27,800							
費用	租 税 公 課	5,000			3,800				
費用	支 払 家 賃	60,000							
費用	支 払 地 代	20,000							
費用	支 払 手 数 料	800							
費用	水 道 光 熱 費	32,500							
費用	通 　信　 費	13,550							
費用	諸 　会　 費	2,000							
費用	消 耗 品 費	38,680							
費用	雑　　　　費	230							
		8,414,700	8,414,700						
資産	繰 越 商 品			330,000					
費用	減 価 償 却 費			3,200					
資産※	備品減価償却累計額				3,200				
資産	貯 　蔵　 品			3,800					
				337,000	337,000				

※資産のマイナス勘定なので右（貸方）側

では転記しましょう。

　ルールは、残高試算表欄と整理記入欄の借方同士を加算、貸方同士を加算し、増加側 − 減少側（発生側 − 消滅側）の結果を転記します。

・資産勘定 → 貸借対照表欄の(左)借方へ※

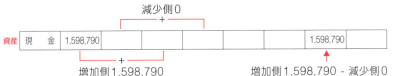

※備品減価償却累計額は資産のマイナス勘定なので、計算は貸方−借方になり、
　転記先は貸借対照表欄の(右)貸方になります。

・資本勘定 → 貸借対照表欄の(右)貸方へ

・収益勘定 → 損益計算書欄の(右)貸方へ

・費用勘定　→　損益計算書欄の(左)借方へ

勘定科目	残高試算表 借方	残高試算表 貸方	整理記入 借方	整理記入 貸方	損益計算書 借方	損益計算書 貸方	貸借対照表 借方	貸借対照表 貸方
費用　仕　入	2,600,000			330,000	2,270,000			

取消側330,000
発生側2,600,000　　発生側2,600,000 - 取消側330,000

すべての勘定を転記した結果は以下の通りです。

▼転記後の様子

精算表

勘定科目	残高試算表 借方	残高試算表 貸方	整理記入 借方	整理記入 貸方	損益計算書 借方	損益計算書 貸方	貸借対照表 借方	貸借対照表 貸方
現　　　　金	1,598,790						1,598,790	
普 通 預 金	3,401,750						3,401,750	
備　　　　品	153,600						153,600	
資　本　金		5,000,000						5,000,000
売　　　　上		3,414,600				3,414,600		
受 取 利 息		100				100		
仕　　　　入	2,600,000			330,000	2,270,000			
役 員 報 酬	400,000				400,000			
広 告 宣 伝 費	60,000				60,000			
旅 費 交 通 費	27,800				27,800			
租 税 公 課	5,000			3,800	1,200			
支 払 家 賃	60,000				60,000			
支 払 地 代	20,000				20,000			
支 払 手 数 料	800				800			
水 道 光 熱 費	32,500				32,500			
通　信　費	13,550				13,550			
諸　会　費	2,000				2,000			
消 耗 品 費	38,680				38,680			
雑　　　　費	230				230			
	8,414,700	8,414,700						
繰 越 商 品			330,000				330,000	
減 価 償 却 費			3,200		3,200			
備品減価償却累計額				3,200				3,200
貯 蔵 品			3,800				3,800	
			337,000	337,000				

※資産のマイナス勘定なので負債側

● **精算表の作成　当期純利益（純損失）の確定**

次の図のように、損益計算書欄と貸借対照表欄の貸借合計を算出し、欄外へ記入します。そして損益計算書の借方合計、貸方合計を枠で囲みましょう。その際数字の大きい方は大きい枠にします。貸借対照表欄も同様にします。枠が凸凹になり、すべての数字が一致しませんね。

▼**欄外へ各合計を記入**

	勘定科目	残高試算表		整理記入		損益計算書		貸借対照表	
		借方	貸方	借方	貸方	借方(費用)	貸方(収益)	借方(資産)	貸方(負債と資本)
資産	現　金	1,598,790						1,598,790	
				337,000	337,000				
						2,929,960	3,414,700	5,487,940	5,003,200

ここでそれぞれの差額を計算し、次の図のように記入します。どうでしょう。両者の差額が同額になり、それぞれの貸借合計も一致しました※。この差額が当期純利益（または損失）なのです。

損益計算書の収益と費用を比較し、収益が大きい場合の差額は**当期純利益**になります。費用が大きい場合の差額は**当期純損失**になります。

　floglife㈱は、当期純利益484,740円となりました。

※差額が一致すれば、精算表の記入ミスがないと言えます。

損益計算書		貸借対照表	
費用	収益	資産	負債・資本
2,929,960	3,414,700	5,487,940	5,003,200
484,740			
当期純利益			484,740

精算表を完成させましょう。次の図を参考に、勘定科目欄に「当期純利益」と記入します。欄外記載の当期純利益484,740円を当期純利益行に記入します。損益計算書欄と貸借対照表欄の合計も最終行に記入します。

▼当期純利益を記入した様子

精算表

勘定科目	残高試算表 借方	残高試算表 貸方	整理記入 借方	整理記入 貸方	損益計算書 借方	損益計算書 貸方	貸借対照表 借方	貸借対照表 貸方
現 金	1,598,790						1,598,790	
〜〜〜	〜〜〜	〜〜〜	〜〜〜	〜〜〜	〜〜〜	〜〜〜	〜〜〜	〜〜〜
当期純利益					484,740			484,740
			337,000	337,000	3,414,700	3,414,700	5,487,940	5,487,940	← 合計

					2,929,960	3,414,700	5,487,940	5,003,200
					484,740			
								484,740

これで精算表の完成です。

▼完成した精算表

精算表

勘定科目	残高試算表 借方	残高試算表 貸方	整理記入 借方	整理記入 貸方	損益計算書 借方	損益計算書 貸方	貸借対照表 借方	貸借対照表 貸方
現　　　金	1,598,790						1,598,790	
普 通 預 金	3,401,750						3,401,750	
備　　　品	153,600						153,600	
資 本 金		5,000,000						5,000,000
売　　　上		3,414,600				3,414,600		
受 取 利 息		100				100		
仕　　　入	2,600,000			330,000	2,270,000			
役 員 報 酬	400,000				400,000			
広 告 宣 伝 費	60,000				60,000			
旅 費 交 通 費	27,800				27,800			
租 税 公 課	5,000			3,800	1,200			
支 払 家 賃	60,000				60,000			
支 払 地 代	20,000				20,000			
支 払 手 数 料	800				800			
水 道 光 熱 費	32,500				32,500			
通 信 費	13,550				13,550			
諸 会 費	2,000				2,000			
消 耗 品 費	38,680				38,680			
雑　　　費	230				230			
	8,414,700	8,414,700						
繰 越 商 品			330,000				330,000	
減 価 償 却 費			3,200		3,200			
備品減価償却累計額				3,200				3,200
貯 蔵 品			3,800				3,800	
当期純利益					484,740			484,740
			337,000	337,000	3,414,700	3,414,700	5,487,940	5,487,940

> <補足>
> ・ここでは法人税および消費税は省略しています。これらは第3章2節と3節で個別に解説します

精算表の作成によって、流れも把握できたし、当期の利益も確認できました。財務諸表が完成するまであともう少しですね

いよいよ決算本手続きに入るよ。ざっくりいうと総勘定元帳を締切ってから財務諸表を作成するんだ

決算本手続き Step1、2　総勘定元帳の費用・収益勘定の締切　決算振替仕訳　損益　繰越利益剰余金

【決算本手続き】
1. 総勘定元帳の費用・収益勘定の締切り
   損益勘定より利益（損失）の確定
2. （1より）繰越利益剰余金勘定への振替
3. 総勘定元帳の資産・負債・資本勘定の締切りと繰越し
   繰越試算表の作成
4. 損益勘定より損益計算書の作成
5. 繰越試算表より貸借対照表の作成

　決算本手続きに入ります。手順に従ってすすめることが大事です。Step1 では総勘定元帳の費用・収益の諸勘定を締切り※ます。引き出した発生総額の振替先として、新しく**損益**というTフォームを作成します。左（借方）が費用、右（貸方）が収益を表す特殊な勘定で、決算時の費用・収益勘定の締切りに使用し、のちに損益計算書のもとになります。

※締切とは、勘定の残高（発生総額）をすべて引き出し空っぽにすることです。

▼損益勘定

借方	損益	貸方
費用の発生		収益の発生

では、図「収益勘定の振替の例」と図「費用勘定の振替の例」の例のようにイメージして費用・収益の諸勘定から損益勘定へ振替えるための仕訳をおこします。この仕訳のことを**決算振替仕訳**または損益振替といいます。

▼収益勘定の振替の例

▼収益勘定の決算振替仕訳

X6年		借方		貸方	
3	31	売上 受取利息	3,414,600 100	損益	3,414,700

▼費用勘定の振替の例

▼費用勘定の決算振替仕訳

X6年		借方		貸方	
3	31	損益	2,929,960	仕入	2,270,000
				役員報酬	400,000
				広告宣伝費	60,000
				旅費交通費	27,800
				租税公課	1,200
				支払家賃	60,000
				支払地代	20,000
				支払手数料	800
				水道光熱費	32,500
				通信費	13,550
				諸会費	2,000
				消耗品費	38,680
				雑費	230
				減価償却費	3,200

Tフォームへ転記しましょう。費用・収益の諸勘定は残高が0になるので、締切も行います。

▼ Tフォームへ転記

売上
3/31	損益	3,414,600	2/6	現金	37,100
			:	:	:
			3/19	現金	630,000
			3/24	現金過不足	1,000
		3,414,600			3,414,600

受取利息
3/31	損益	100	3/7	普通預金	100
		100			100

仕入
2/5	現金	1,300,000	3/31	繰越商品	330,000
2/9	現金	300,000	3/31	損益	2,270,000
3/4	普通預金	1,000,000			
		2,600,000			2,600,000

役員報酬
2/28	普通預金	200,000	3/31	損益	400,000
3/27	普通預金	200,000			
		400,000			400,000

広告宣伝費
2/5	現金	60,000	3/31	損益	60,000
		60,000			60,000

租税公課
2/7	現金	3000	3/31	貯蔵品	3,800
3/18	現金	2000	3/31	損益	1,200
		5,000			5,000

支払家賃
2/26	普通預金	30,000	3/31	損益	60,000
3/26	普通預金	30,000			
		60,000			60,000

支払地代
2/27	現金	10000	3/31	損益	20,000
3/26	現金	10000			
		20,000			20,000

支払手数料
2/26	普通預金	100	3/31	損益	800
2/28	普通預金	300			
3/26	普通預金	100			
3/27	普通預金	300			
		800			800

水道光熱費
2/25	普通預金	15,000	3/31	損益	32,500
3/25	普通預金	17,500			
		32,500			32,500

通信費
2/25	普通預金	4,500	3/31	損益	13,550
3/25	普通預金	5,200			
3/26	普通預金	3,850			
		13,550			13,550

諸会費
2/27	現金	1,000	3/31	損益	2,000
3/27	現金	1,000			
		2,000			2,000

消耗品費
3/15	現金	38,680	3/31	損益	38,680
		38,680			38,680

旅費交通費
3/3	仮払金	27,800	3/31	損益	27,800
		27,800			27,800

雑費
3/15	現金	230	3/31	損益	230
		230			230

減価償却費
3/31	備品減価償却累計額	3200	3/23	損益	3,200
		3,200			3,200

振替先である損益勘定は次の図のとおりです。費用・収益勘定がすべて損益勘定に集まりました。貸借合計の差額は貸方側（収益側）に484,740円ありますね。この数字が精算表でも確認した当期純利益です。本手続きでは、当期純利益は損益勘定から算出されます。

損益

借方合計 2,929,960	3/31	仕入	2,270,000	3/31	売上	3,414,600
	3/31	役員報酬	400,000	3/31	受取利息	100
	3/31	広告宣伝費	60,000			
	3/31	旅費交通費	27,800			
	3/31	租税公課	1,200			
	3/31	支払家賃	60,000			
	3/31	支払地代	20,000			
	3/31	支払手数料	800			
	3/31	水道光熱費	32,500			
	3/31	通信費	13,550			
	3/31	諸会費	2,000			
	3/31	消耗品費	38,680			
	3/31	減価償却費	3,200			
	3/31	雑費	230			

貸方合計 3,414,700　差額 484,740　**当期純利益**

　当期純利益（損失）は、今後会社のためや株主への配当に充てるため、利益（損失）を積み立てるための**繰越利益剰余金**という資本に属する勘定科目に振替えます※。これで損益勘定も締め切られます。では、繰越利益剰余金のＴフォームを作成し、次の図のようにイメージしてから仕訳をおこしましょう。

※当期純利益を繰越利益剰余金に振替えることを資本振替といいます。

▼損益勘定から繰越利益剰余金への振替

▼損益勘定の当期純利益から繰越利益剰余金への振替仕訳

X6年	借方		貸方	
3	31	損益 484,740	繰越利益剰余金	484,740

Tフォームへ転記しましょう。損益勘定は残高が0になるので、締切も行います。

▼転記後に損益勘定を締め切る

```
              損益                                    繰越利益剰余金
3/31 仕入       2,270,000  3/31 売上      3,414,600     3/31 損益   484,740
3/31 役員報酬      400,000  3/31 受取利息        100
3/31 広告宣伝費     60,000
3/31 旅費交通費     27,800
3/31 租税公課       1,200
3/31 支払家賃      60,000
3/31 支払地代      20,000
3/31 支払手数料        800
3/31 水道光熱費     32,500
3/31 通信費       13,550
3/31 諸会費        2,000
3/31 消耗品費      38,680
3/31 減価償却費      3,200
3/31 雑費           230
3/31 繰越利益剰余金 484,740
              3,414,700                3,414,700
```

当期の費用・収益および利益が確定したよ

費用と収益は、損益振替によって精算され、損益勘定も資本振替によって精算されるから、次期は0からスタートできるのね

<補足>
個人事業主の場合の資本振替
個人事業主は、損益から資本金に振替えます。

勘定科目

- **損益**（なし）　総勘定元帳の費用・収益の諸勘定の振替先として使用されます。左（借方）が費用、右（貸方）が収益という特別な勘定科目です。損益計算書のもとになります。
- **繰越利益剰余金**（資本）　損益勘定の貸借の差額である当期純利益（純損失）を毎期積み立てます。
当期純利益の場合は増加し、当期純損失の場合は減少します。

チェック

- 株式会社は決算後3カ月以内に株主総会を開いて、利益を株主に配当しなければなりません。そのため、利益だけを集計しておく繰越利益剰余金勘定が必要なのです。ちなみに株主に配当されるのはほんの一部です。会社のためにも使いたいので。残った利益は毎期繰り越していきます。

決算本手続き Step3　総勘定元帳の資産・負債・資本勘定の締切と繰越　繰越試算表

【決算本手続き】
1. 総勘定元帳の費用・収益勘定の締切り
　損益勘定より利益（損失）の確定
2. （1より）繰越利益剰余金勘定への振替え
3. **総勘定元帳の資産・負債・資本勘定の締切りと繰越し**
　繰越試算表の作成
4. 損益勘定より損益計算書の作成
5. 繰越試算表より貸借対照表の作成

次期へむけて資産・負債・資本の締切と繰越を行います。資産・負債・資本は、当期の残高を次期に引き継ぎます。会計期間中に、翌月に向けて現金勘定と普通預金勘定の締切と繰越を学びましたね（16節）。それが応用できます。

では、現金勘定を例に説明します。期末残高1,598,790円を「次期繰越」として引き出して締切り、次期用に作成した現金のTフォームに「前期繰越」として繰り越します。

▼現金勘定の締切と次期への繰越

■は金額を面積で表している

現金

借方合計 4,200,700
残高 1,598,790

3/1	前月繰越	2,782,500	3/1	仮払金	50,000
3/3	仮払金	22,200	3/13	普通預金	2,500,000
3/12	売上	730,000	3/15	諸口	38,910
3/17	売上	35,000	3/18	租税公課	2,000
3/19	売上	630,000	3/26	支払地代	10,000
3/23	現金過不足	1,000	3/27	諸会費	1,000

貸方合計 2,601,910

残高 1,598,790

⬇

現金

3/1	前月繰越	2,782,500	3/1	仮払金	50,000
3/3	仮払金	22,200	3/13	普通預金	2,500,000
3/12	売上	730,000	3/15	諸口	38,910
3/17	売上	35,000	3/18	租税公課	2,000
3/19	売上	630,000	3/26	支払地代	10,000
3/23	現金過不足	1,000	3/27	諸会費	1,000
			3/31	次期繰越	1,598,790
		4,200,700			4,200,700

⬇

現金

4/1	前期繰越	1,598,790			

他の勘定も同様に、当期を締め切って次期用Tフォームを作成し、繰り越します。

▼その他の勘定の締切と繰越

普通預金

3/1 前月繰越	1,298,600	3/4 仕入	1,000,000
3/5 売上	260000	3/25 水道光熱費	17,500
3/7 受取利息	100	3/25 通信費	5,200
3/13 現金	2500000	3/26 通信費	3,850
3/14 売上	600000	3/26 諸口	30,100
		3/27 諸口	200,300
		3/31 次期繰越	3,401,750
	4,658,700		4,658,700

繰越商品

3/31 仕入	330,000	3/31 次期繰越	330,000
	330,000		330,000

備品

3/31 現金	153,600	3/31 次期繰越	153,600
	153,600		153,600

備品減価償却累計額

3/31 次期繰越	3,200	3/31 減価償却費	3,200
	3,200		3,200

貯蔵品

3/31 租税公課	3,800	3/31 次期繰越	3,800
	3,800		3,800

資本金

3/31 次期繰越	5,000,000	2/5 普通預金	5,000,000
	5,000,000		5,000,000

繰越利益剰余金

3/31 次期繰越	484,740	3/31 損益	484,740
	484,740		484,740

普通預金

4/1 前期繰越	3,401,750		

繰越商品

4/1 前期繰越	330,000		

備品

4/1 前期繰越	153,600		

備品減価償却累計額

		4/1 前期繰越	3,200

貯蔵品

4/1 前期繰越	3,800		

資本金

		4/1 前期繰越	5,000,000

繰越利益剰余金

		4/1 前期繰越	484,740

資産・負債・資本の各勘定を次期へ繰越しましたが、正確にできているかしら？

そうだね。試算表を作成してチェックしよう

次期Tフォームへの繰越額の正確性をチェックするために、繰越額を記入した残高試算表を作成します。この試算表を**繰越試算表**※といいます。資産・負債・資本に属す勘定だけを試算する表です。ちなみに費用・収益の諸勘定は、前節で損益勘定へ振替えたため残高が0になっているので必要ありません。

※日商簿記検定3級では、この繰越資産表は扱いません。

▼繰越試算表

繰越試算表
X6年3月31日

借方残高	勘定科目	貸方残高
1,598,790	現　　　　　　金	
3,401,750	普　通　預　金	
330,000	繰　越　商　品	
153,600	備　　　　　　品	
	備品減価償却累計額	3,200
3,800	貯　　蔵　　品	
	資　　本　　金	5,000,000
	繰越利益剰余金	484,740
5,487,940		5,487,940

繰越試算表の左右（貸借）が一致すれば正しいということになります。

総勘定元帳の資産・負債・資本の締切および繰越が完成したよ

資産・負債・資本に属す勘定は、次期に引き継がれるのですね

そのとおり！　もし引き継がれないとしたら、金庫の中の現金や普通預金、せっかく購入した陳列棚も次期になった途端にきえてなくなってしまうことになるんだよ

なるほど！　それは困ります。覚えました〜

決算本手続き Step4　損益計算書の作成　損益

【決算本手続き】
1. 総勘定元帳の費用・収益勘定の締切り
   損益勘定より利益（損失）の確定
2. （1より）繰越利益剰余金勘定への振替え
3. 総勘定元帳の資産・負債・純資産勘定の締切りと繰越し
   繰越試算表の作成
4. **損益勘定より損益計算書の作成**
5. 繰越試算表より貸借対照表の作成

損益勘定を使って、当期の経営成績を示す損益計算書を作成します。

次の図を参考に損益計算書フォーマットに会計期間、会社名、金額単位を記入します。

▼**会計期間、会社名、金額単位を記入**

損益計算書

floglife 株式会社　　×6年2月5日から×6年3月31日まで　　　　（単位：円）

費用	金額	収益	金額

損益計算書は、損益勘定を表にしたものと捉えてください。次の図のように転記します。ただし一部勘定科目名が変わります※。

※仕入は「売上原価」に、繰越利益剰余金は「当期純利益」に、売上は「売上高」に変更する。

▼損益計算書は損益勘定から作成する

損益計算書

floglife株式会社　×6年2月5日から×6年3月31日まで　　（単位：円）

費用	金額	収益	金額
売 上 原 価	2,270,000	売 上 高	3,414,600
役 員 報 酬	400,000	受 取 利 息	100
広 告 宣 伝 費	60,000		
旅 費 交 通 費	27,800		
租 税 公 課	1,200		
支 払 家 賃	60,000		
支 払 地 代	20,000		
支 払 手 数 料	800		
水 道 光 熱 費	32,500		
通 信 費	13,550		
諸 会 費	2,000		
消 耗 品 費	38,680		
減 価 償 却 費	3,200		
雑 費	230		
当 期 純 利 益	484,740		
	3,414,700		3,414,700

損益

3/31	仕入		2,270,000	3/31	売上	3,414,600
3/31	役員報酬		400,000	3/31	受取利息	100
3/31	広告宣伝費		60,000			
3/31	旅費交通費		27,800			
3/31	租税公課		1,200			
3/31	支払家賃		60,000			
3/31	支払地代		20,000			
3/31	支払手数料		800			
3/31	水道光熱費		32,500			
3/31	通信費		13,550			
3/31	諸会費		2,000			
3/31	消耗品費		38,680			
3/31	減価償却費		3,200			
3/31	雑費		230			
3/31	繰越利益剰余金		484,740			
			3,414,700			3,414,700

　損益計算書の最終行には、左右（貸借）の合計を記入します。損益勘定から転記せず、改めて計算した方が確認にもなります。左右（貸借）が一致したら、完成となります。

これが作りたかったの。損益計算書は損益勘定からこんなにもスマートに作れるんだ

改めて言うよ。損益計算書は会計期間における販売活動によって生じた収益と費用から会社の利益もしくは損失を明らかにする表だ

決算本手続き Step5 貸借対照表の作成 繰越試算表

【決算本手続き】
1. 総勘定元帳の費用・収益勘定の締切り
   損益勘定より利益（損失）の確定
2. （1より）繰越利益剰余金勘定への振替え
3. 総勘定元帳の資産・負債・資本勘定の締切りと繰越し
   繰越試算表の作成
4. 損益勘定より損益計算書の作成
5. **繰越試算表より貸借対照表の作成**

繰越試算表を使って、期末時点の財産状況を示す貸借対照表を作成します。
次の図を参考に貸借対照表フォーマットに期末日付、会社名、金額単位を記入します。

▼期末日付、会社名、金額単位を記入

貸借対照表

floglife 株式会社　　　　　　X6年3月31日　　　　　　　　　（単位：円）

資産	金額	負債及び純資産	金額

繰越試算表を元に、カテゴリーに従って次の図のように転記します。一部勘定科目名や記入方法が変わります※。

　※繰越商品は「商品」に変更する。
　※確定金額は、金額欄の右側へ記入する。
　※備品と備品減価償却累計額（資産のマイナス勘定）は、金額欄の左側に転記する。期末時点の価値（確定額）は備品から備品減価償却累計額を差し引いて、備品減価償却累計額の右側に記入する。

▼貸借対照表は繰越試算表から作成する

貸借対照表

floglife株式会社　　　　　X6年3月31日　　　　　　（単位：円）

資産	金額	負債及び純資産	金額
現　　　　金	1,598,790	資　本　金	5,000,000
普　通　預　金	3,401,750	繰越利益剰余金	484,740
商　　　　品	330,000		
備　　　　品	153,600		
備品減価償却累計額	3,200　→　150,400		
貯　　蔵　　品	3,800		
	5,484,740		5,484,740

備品の期末時点の価値

繰越試算表

X6年3月31日

借方残高	勘定科目	貸方残高
1,598,790	現　　　　金	
3,401,750	普　通　預　金	
330,000	繰　越　商　品	
153,600	備　　　　品	
	備品減価償却累計額	3,200
3,800	貯　　蔵　　品	
	資　本　金	5,000,000
	繰越利益剰余金	484,740
5,487,940		5,487,940

資産／資産／資産／資産／資産のマイナス勘定／資本／資本

　貸借対照表の最終行には、確定金額の合計を記入します。繰越試算表から転記せず、改めて計算した方が確認にもなりますね。左右（貸借）が一致したら、空欄に赤斜線を引いて完成となります。

貸借対照表は繰越試算表から作るんですね

改めて言うよ。貸借対照表は、ある日付時点の会社の財産状況、資金の調達状況が把握できる表だよ

あれ、損益計算書の当期純利益がこの表の右側に繰越利益剰余金として載っているわ

そうなんだ。利益が出ると資本も増えていく。会社は発展していくんだ

第2章
2期目 より多くの取引を覚えよう

今後の取引と仕訳について

 2期目は複雑な取引も扱うから、考え方を柔軟にして取り組もう

 今まで覚えた仕訳は今後も役に立ちますよね

仕訳のポイント

　第1章では、簿記上の取引を結果と原因に分け、現金預金の増減を主に仕訳をしてきました。

　第2章からは、一見複雑に見える取引が登場します。これからは理解している勘定科目から記入していくことがポイントです。改めて5大カテゴリーの特徴とイメージおよび位置 (24 〜 25ページ) を確認して暗記してしまいましょう。

2 期首の主要簿はどうなっているの？

floglife㈱は2期目に入りました。仕訳帳は続きから始めていいかしら？

前期と区切るためページを分けよう

期首の仕訳帳

2期目に入りましたね。仕訳帳は前期と当期を区別するため新しいページから始めましょう。前期末の最終行以降に空欄があれば赤斜線を引いて、記入禁止にします。

▼仕訳帳の前期と当期のページを分ける

X6		借方		貸方	
3	31	○○	X,XXX	○○○	X,XXX
	31	○○○	XX,XXX	○○	XX,XXX
	31	○○	X,XXX	○○○	X,XXX

X6	借方	貸方

総勘定元帳には、前期から繰り越した資産・負債・資本の諸勘定がすでにあります

費用・収益勘定についてはゼロからのスタートになるから、発生時にTフォームを作成しよう

期首の総勘定元帳（資産・負債・資本の諸勘定）

前期決算で繰越処理を行ったのは資産・負債・資本に属す勘定です。なお、費用・収益に属す勘定は損益勘定への振替により締切ったため、勘定はありません。

▼期首の総勘定元帳

現金			
4/1 前期繰越 1,598,790			

備品減価償却累計額			
		4/1 前期繰越 3,200	

普通預金			
4/1 前期繰越 3,401,750			

貯蔵品			
4/1 前期繰越 3,800			

繰越商品			
4/1 前期繰越 330,000			

資本金			
		4/1 前期繰越 5,000,000	

備品			
4/1 前期繰越 153,600			

繰越利益剰余金			
		4/1 前期繰越 484,740	

ところで、前期の決算で当期に繰り越した費用や収益はあったかな？

そういえば未使用の収入印紙3,800円を貯蔵品に振替えて当期に繰り越しました

その収入印紙は当期に使用するから、再び租税公課に振替える必要があるよ

貯蔵品勘定から租税公課勘定へ振替える　再振替仕訳

貯蔵品勘定の借方（左）3,800円は未使用の収入印紙のことです。収入印紙は当期に使用するので、期首に租税公課勘定へ振替える必要があります。

▼貯蔵品から租税公課へ振替えるイメージ

仕訳は以下のようになります。

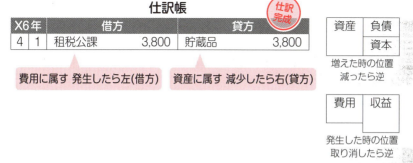

このように、前期の費用や収益から繰り越してきた勘定を当期の費用や収益に振替える仕訳を**再振替仕訳**といいます。前期の決算整理で行った振替仕訳を再び振替える仕訳なので再振替仕訳と呼びます。

新しく租税公課のTフォームを作成して転記しましょう。

▼貯蔵品勘定と租税公課勘定

増加	貯蔵品	減少	発生	租税公課	
4/1 前期繰越 3,800		4/1 租税公課 3,800	4/1 貯蔵品 3,800		

─＜補足＞─
前期決算で、期末商品棚卸高を仕入(費用)から繰越商品へ振替え、当期に繰越しましたが、繰越商品は期首の再振替仕訳は行いません。前期からの繰越商品を決算まで残し、把握したいからです。よって再振替仕訳は当期の決算整理仕訳の売上原価の算定時に行います。

チェック

- **期首の総勘定元帳** 前期から繰り越された資産・負債・資本勘定があります。また、資産・負債勘定に前期から繰り越した費用・収益が含まれていたら再振替仕訳をおこします。
- **再振替仕訳** 資産・負債勘定から費用・収益勘定に振替えます。前期決算整理仕訳を戻す仕訳（逆仕訳）になるので再振替仕訳といいます。

【復習】

前期決算整理仕訳は以下の通りでした。

租税公課勘定に未使用の収入印紙3,800円が計上されているため、貯蔵品に振替えた。

X6年		借方		貸方	
3	31	貯蔵品	3,800	租税公課	3,800

当期の期首の再振替仕訳

前期から繰り越した貯蔵品には、未使用の収入印紙3,800円が計上されているため、これを当期の租税公課に振替える。

X6年		借方		貸方	
4	1	租税公課	3,800	貯蔵品	3,800

3 当座預金口座って？ 定期預金口座って？

当座預金　定期預金

売上も順調に伸びているので、仕入を増やそうと思います。そこで！　高額な現金を持ち歩くのは危険だから小切手を使いたいな〜

それなら当座預金口座を開設しよう。さみだれ銀行に相談してごらん

当座預金口座を開設する　当座預金

　2期目のfloglife㈱は売買取引の増加が見込めるため、現金や普通預金以外の決済手段が必要です。そこで銀行の審査を受け、当座預金口座を開設すると、現金に代わって小切手や約束手形※を使った支払いができるようになります。当座預金口座は、事業向けの決済専用口座です。普通預金口座との違いは以下の通りです。

・預金利息がつかない（貯金目的ではない）。
・通帳がない（預金の引き出しは小切手や約束手形を使用）。
　※約束手形については13節で解説します。

<補足>

当座預金口座開設には所定の手数料を支払います。また、当座預金口座を開設した銀行から有料で小切手帳を購入します。本書では割愛していますが、以下の例題で仕訳を紹介しておきます。

例題で確認

例　当座預金口座開設にあたり、手数料11,000円と、小切手帳の交付代金11,000円を現金で支払った。

借方		貸方	
支払手数料	11,000	現金	22,000
消耗品費	11,000		

 小切手帳の購入は消耗品費で処理します。

当座預金口座が開設できました。普通預金から2,000,000円を振替えました。これで小切手が使えますね

それでは仕訳をしましょう。当座預金口座は**当座預金**という勘定科目を使います。預金は増えるとうれしいので普通預金と同様、資産に属します。普通預金口座から2,000,000円を引き出し、当座預金口座へ入金するという資金移動の仕訳です。

使い慣れている勘定科目から記入すると仕訳しやすい

仕訳完成

借方		貸方	
当座預金	2,000,000	普通預金	2,000,000

資産：増加　　資産：減少

チェック

・複数の当座預金口座を開設して扱う場合、「当座預金○○銀行」というように銀行名を付加した勘定科目を使用します。

近いうちに定期預金口座も持ちたいですね。普通預金と比べて金利もやや高めですものね

定期預金口座について

定期預金とは、事前に預け入れ期間（1カ月、3カ月、…5年、10年など）を決めたうえで預金する口座です。指定した期間が過ぎるまでは途中で解約手続きをしない限りお金を引き出すことができません。

なので、いつでも引き出せる普通預金に比べて金利が高めに設定されています。

もしfloglife㈱が定期預金口座を持ってお金を預け入れたとしたら、**定期預金**という勘定科目を使用して仕訳します。増えるとうれしいので資産に属します。

例題で確認

例 アメアガリ銀行の定期預金口座へ現金1,000,000円を預けた。

借方		貸方	
定期預金	1,000,000	現金	1,000,000

使い慣れている勘定科目から記入すると仕訳しやすい

チェック

・複数の定期預金口座を開設して扱う場合、「定期預金○○銀行」というように銀行名を付加した勘定科目を使用します。

4 小切手を振り出したら？
当座預金

firefly㈱から商品を1,200,000円分仕入れました。代金は小切手を振り出して支払いました

小切手を受け取ったときは、現金の増加として仕訳したが、今回のように小切手を振り出した時の仕訳は、別の勘定科目を使うんだよ

小切手の振り出し　当座預金

　小切手は、当座預金口座の持ち主が金額などを記載して発行します。この手続きを「小切手を振り出す」といい、振り出した人（当座預金の名義人）を「振出人」といいます。小切手を受け取った人が銀行へ持参すると、振出人の当座預金口座から現金が引き出され、持参した人に支払われます。

▼小切手の仕組み

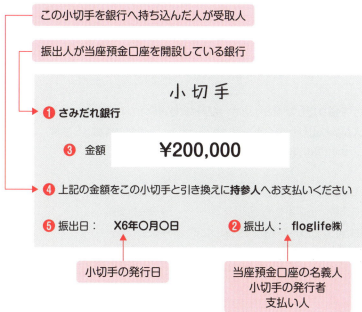

❶ **さみだれ銀行** の
❷ **floglife㈱** の当座預金口座から
❸ **200,000円を引き出し**
❹ この小切手と引き換えにの **持参人** へ支払ってください
❺ **X6年〇月〇日** の翌日から10日間が小切手の換金期間です。(原則)

　今後floglife㈱は、仕入時などの支払い用に多額の現金を持ち歩くことなく、代わりに小切手1枚で支払いができるので、盗難などのリスクも回避できます。
　さて今回の取引の仕訳をしましょう。小切手を振り出すと、いずれfloglife㈱の当座預金口座からお金が引き出されるため、当座預金の減少として処理します。

使い慣れている勘定科目から記入する

借方		貸方	
仕入	1,200,000	当座預金	1,200,000

費用:発生　　　　　　　　資産:減少

チェック

・**小切手** 当座預金からお金を引き出すための証券です。当座預金口座の持ち主が小切手を振り出せば、受け取った人が銀行で換金できる仕組みです。また、換金せず支払いに使うこともできます。

小切手を振りだした時の仕訳は、**当座預金の減少**として貸方（右）に記入します。**他人が振り出した小切手**を受け取ったときは、**現金の増加**として借方（左）に記入します。**小切手という勘定科目はありません。**

小切手を振り出した時　　　　　　　　　➡当座預金が減少
他人振り出しの小切手を受け取った時　　　➡現金が増加
他人振り出しの小切手を使って支払った時　➡現金が減少

以下によくある小切手の取引例をあげます。

例題で確認

例 商品10,000円を売上げ、小切手を受け取ったが直ちに当座預金に預け入れた。

借方		貸方	
当座預金	10,000	売上	10,000

ヒント　本来は現金の増加になりますが直ちに預金口座に預け入れた場合は当座預金の増加として仕訳します。

例 商品10,000円を仕入れ、代金は以前受け取った**他社振り出しの**小切手で支払った

借方		貸方	
仕入	10,000	現金	10,000

例
(1) A社から商品15,000円を仕入れ、代金は小切手を振り出して支払った

借方		貸方	
仕入	15,000	当座預金	15,000

(2) C社へ商品15,000円を売上げ、代金として以前当社が振り出した同額の小切手を受け取った

借方		貸方	
当座預金	15,000	売上	15,000

 受け取った小切手でも、振出人が当社であれば勘定科目は当座預金です。

 ところで当座預金残高を超えて小切手を振り出してしまったらどうなるの？ うっかりやってしまいそうです…

 当座預金口座を開設したときに、100万円の当座借越契約を結んだでしょ。それは残高が0になっても100万円までは銀行が立て替えてくれる契約だよ。もちろん借金することになるから返済は必要だよ

当座借越契約

　当座預金口座の名義人が銀行と当座借越契約を結ぶと、当座預金残高を超えて小切手を振り出しても、銀行が不足額を貸してくれます。ただし利用限度額までです。当座預金口座に入金すると自動的に返済されます。

　本書では、当座借越を意味する勘定科目は使用しません。「当座預金」を使います。Tフォームに転記すると借越の状態かどうかが把握できます。以下に例をあげます。

例題で確認

例1　XX年2月1日　当座預金口座を開設し、現金100万円を預け入れた。当社は当座借越契約を結んでいて限度額は50万円である。

XX年		借方		貸方	
2	1	当座預金	1,000,000	現金	1,000,000

▼当座預金のTフォーム

```
              増加        当座預金        減少
借方合計1,000,000  2/1 現金 1,000,000
   残高1,000,000
```

> 通常、残高は増加側にあります

例2 XX年2月3日　小切手を振り出し、仕入代金120万円を支払った。

XX年	借方		貸方	
2	3	仕入　1,200,000	当座預金	1,200,000

▼当座借越が発生している (借入状態)

```
              増加        当座預金        減少
借方合計 1,000,000  2/1 現金 1,000,000 | 2/3 仕入 1,200,000  貸方合計 1,200,000
                                                    残高 200,000
```

> 当座借越の状態
> 減少側にある残高は、
> 借入れ額を示します

例3 XX年2月5日　当座預金に現金30万円預け入れた。

XX年	借方		貸方	
2	5	当座預金　300,000	現金	300,000

▼借り越し額が返済された

```
              増加        当座預金        減少
借方合計 1,300,000  2/1 現金 1,000,000 | 2/3 仕入 1,200,000  貸方合計 1,200,000
   残高 100,000    2/5 現金  300,000
```

> 返済後の残高

　Tフォームを見て、当座預金の状態を把握できるようになりましょう。

　なお、普通預金口座では貸方残高（右側に残高が出ること）になることはありません。

5 株主総会って?

繰越利益剰余金　利益準備金　未払配当金

決算後、3カ月以内に株主総会という会議を開くのですよね。私と兄が株主ですが

そうそう。株主と役員(経営者)が集まって、floglife㈱の今後の経営方針を話し合い、利益の配当や処分について決めるんだよ

利益剰余金の配当と処分　繰越利益剰余金　利益準備金　未払配当金

　株式会社は株主のものです。会社が稼いだ利益も株主のもの。決算後、3カ月以内に株主総会を開いて、株主と経営陣が今後の経営方針や戦略について話し合い、また利益剰余金の配当と処分も行います。

　配当とは、株主に対して繰越利益剰余金の一部を配当金として支払うことです。

　処分とは、配当の際に会社法で定められた金額を利益準備金として積み立てることです。

株主総会を開きました。株主への配当は10,000円に決定しました。利益準備金は1,000円です

株主総会で利益剰余金の配当と処分が決定したので、繰越利益剰余金から各勘定へ振り替える仕訳をしましょう。

株主への配当金は支払いが後日になるため**未払配当金**という勘定科目を使います。後で支払う義務があるため(気が重い)負債に属します。今回は未払配当金という負債が増加します。

配当の際に積み立てが強制されている利益準備金は、**利益準備金**というそのままの勘定科目を使います。繰越利益剰余金と同様、資本に属し、今回は利益準備金が増加します。

なじみのある勘定科目から記入 / 後で支払う義務が増えた / 仕訳完成

借方		貸方	
繰越利益剰余金	11,000	未払配当金	10,000
		利益準備金	1,000

資本:減少 / 負債:増加　資本:増加

<補足>
本書での利益剰余金は繰越利益剰余金を指しています。本来は他にも勘定科目がありますが、日商簿記検定2級の範囲のため本書では割愛します。

株主への配当金10,000円を当座預金から支払いました

後日、配当金を株主に支払うと未払配当金は減少します。

借方		貸方	
未払配当金	10,000	当座預金	10,000

負債:減少 / 資産:減少

勘定科目

- **未払配当金**（負債） まだ支払っていない配当金を指します。株主総会で配当が決まったら支払いは後日になるため、未払配当金の増加として記帳し、実際に支払ったら減少します。
- **利益準備金**（資本） 配当の際に会社法で積み立てが義務付けられている利益準備金を指します。株主への配当が決まったら、所定の金額を利益準備金の増加として記帳します。

<補足>
- 利益準備金の計算については、日商簿記検定2級の範囲なので省略します。
- 配当金は、株主が所有する株式の割合で分配します。floglife㈱は、りりちゃんが400株、兄が100株持っているので、りりちゃんに8,000円、兄に2,000円が支払われます。
- 利益剰余金の配当は必須ではありません。

株主総会も無事終わったことだし、当期も会社が成長するようがんばるわ。次回も配当できますように

6 仕入れた商品の代金を後払いにしたら？
買掛金

仕入先から「floglife㈱は毎回きちんと代金をお支払いしてくれるから、今後は掛け取引にしてもいいですよ」と言われました

信頼関係ができてきたね。掛け取引とは、仕入代金の後払いのことだよ

掛けで仕入れる　買掛金

掛け取引とは、仕入れた商品を先に受け取り、代金は後払いにする取引のことです。特に契約は交わしません。「商品代金は月末に支払います」「来月に支払います」といった感じです。明確な支払期限はありませんが信頼関係のもとで成り立つ取引なので、なるべく早く支払うのが常識です。

さっそく掛けで商品を800,000円分仕入れました

仕入代金を後払いにするときは**買掛金**という勘定科目を使います。実際に代金を支払うまでは、先方から借りていることになるので、気が重い負債に属しています。今回は買掛金という負債が増加したことになります。

なじみのある勘定科目から記入　　仕入代金を借りる＝借金の増加

借方		貸方	
仕入	800,000	買掛金	800,000

費用：発生　　　　　　　　　　　負債：増加

掛け代金を支払う

月末なので、掛けで仕入れた商品の代金800,000円を、現金で100,000円、残額は小切手を振り出して支払いました

後日、買掛金を現金や小切手などで支払うと、借りていた仕入代金を返したことになるので、買掛金という負債は減少します。

仕入代金を返す＝借金の減少　　　なじみのある勘定科目から記入

借方		貸方	
買掛金	800,000	現金	100,000
		当座預金	700,000

負債：減少　　　資産：減少

勘定科目

- **買掛金**（負債）　仕入れた商品の代金を後払いにすることを指します。商品代金を借りていることになるので負債に属します。掛けで仕入れると買掛金は増加します。また、買掛金は後で必ず代金を支払わなければなりません。後日支払うと、買掛金は減少します。

チェック

・掛け代金の支払いを仕訳帳とTフォームで確認しましょう

【復習】
掛けで仕入れた時

借方		貸方	
仕入	800,000	買掛金	800,000

買掛金を支払ったとき

借方		貸方	
買掛金	800,000	現金 当座預金	100,000 700,000

　仕入時と、買掛金の支払い時は、別の取引として仕訳帳に記帳しますが、販売活動上は、仕入と支払いはワンセットです。このように2つの仕訳を合わせて見た時、買掛金が貸借にあるので相殺されたと捉えることができ、支払いがきちんと終わっていることが確認できます。

▼ Tフォームに転記した様子

　Tフォームでは、買掛金勘定の貸借が同額のため、買掛金残高が0となり、支払いが終わっていることが確認できます。

売り上げた商品の代金を後日うけとることにしたら？
売掛金

先ほど、アメ㈱に600,000円分の商品を届けたら、「代金は来月の支払いでいいですか？」と言われたので了承しました。これも掛け取引ですよね。さっそく仕訳に挑戦します

掛けで売り上げる　売掛金

今度は、売上時の掛け取引になります。売上代金を後で受け取ることは、**売掛金**という勘定科目を使います。実際に代金を受け取るまでは、先方に貸していることになるので、後で返ってくるのが楽しみな資産に属します。掛けで売り上げると売掛金という資産が増加します。

売上代金を貸している＝貸し付けが増加

なじみのある勘定科目から記入

仕訳完成

借方		貸方	
売掛金	600,000	売上	600,000

資産：増加　　　収益：発生

掛け代金を受け取る

アメ㈱から売掛金600,000円が普通預金口座に振り込まれました

後日、売掛金を現金や振込などで回収（受け取る）すると、貸していた売上代金が返済されたことになるので、売掛金という資産は減少します。

なじみのある勘定科目から記入 / 貸していた売上代金の返済を受ける＝貸し付けの減少

借方		貸方	
普通預金	600,000	売掛金	600,000

資産：増加 / 資産：減少

仕訳完成

> **勘定科目**
>
> ・**売掛金**（資産） 売上げた商品代金を後で受け取ることを指します。商品代金を貸していることになるので資産に属します。掛けで売り上げると売掛金は増加します。また、売掛金は後で必ず代金を回収します。後日受け取ると売掛金は減少します。

8 売上時にクレジットカードを提示されたら？
クレジット売掛金

先ほど、オモダカ㈱に商品300,000円を売り上げたら、クレジットカードを提示されたので処理しましたよ。あらかじめ信販会社と契約しておいてよかった〜。代金は後日、信販会社から当座預金口座に入金されます。でも決済手数料として売上額の3%も支払わなくちゃいけないんです。この場合の仕訳って？

準備がいいね。クレジットカードでの売上代金は、手数料を差し引いて入金されるよ

クレジットカードの扱い

　商品売上時にクレジットカードで決済するには予め信販会社と契約します。お客様がクレジットカードを使って商品代金を支払うと、会社は信販会社と通信し、承諾を得て決済が約束されます。一回の決済につき決済手数料として売上代金の数％を信販会社に支払います。

　floglife㈱が支払う決済手数料は、売上代金の3％です。今回の取引では売上額300,000円から9,000円（300,000円 × 3％ ＝ 9,000円）の決済手数料が差し引かれて、後日信販会社から当座預金口座に入金されます。

クレジットカードで決済を受けた時　クレジット売掛金

　お客様が商品代金をクレジットカードで支払った場合、売上代金が信販会社から入金されるのは後日になります。したがってクレジットカードは売掛金と同じ扱いになります。ただし通常の売掛金とは区別するよう**クレジット売掛金**という勘定科目を使います。資産に属します。

　なお、信販会社から後日受け取る金額は、決済手数料が差し引かれた291,000円になります。

また、差し引かれた9,000円の決済手数料を表す勘定科目は**支払手数料**です。売上時に決済手数料も加味して仕訳をおこします。

借方		貸方	
支払手数料	9,000	売上	300,000
クレジット売掛金	291,000		

費用：発生
資産：増加

収益：発生

信販会社から当座預金口座に291,000円が振り込まれました

掛代金の回収ができたので、クレジット売掛金を減少させる仕訳をします。

借方		貸方	
当座預金	291,000	クレジット売掛金	291,000

資産：増加

資産：減少

勘定科目

- **クレジット売掛金**（資産）　クレジットカードの代金を後日信販会社から受け取ることを指します。受け取るまでは、信販会社に売上代金を貸していることになるので資産に属しています。

チェック

クレジットカードでの売上時の仕訳では、クレジット売掛金の金額は売上額から決済手数料を差し引いて記帳します。これが後日信販会社から受け取る金額です。なお決済手数料は売上額に決済手数料率を乗じて算出します。支払手数料として記帳します。

9 社用車（有形固定資産）を購入したら？
車両運搬具

floglife㈱の配達用車両を購入しました。車体価格が400,000円、納車費用と運搬費が合わせて50,000円でした。代金は普通預金から支払いました

車は会社の有形固定資産だね。仕訳時は注意が必要だよ

社用車を購入した時の処理　車両運搬具

　会社で使用する車は、**車両運搬具**または**車両**という勘定科目を使います。車両運搬具は1年以上使える高価な物で、固定資産になりますからカテゴリーも資産に属します。さて、仕訳時に覚えてほしいことがあります。固定資産の金額は**取得原価**を記入しましょう。取得原価とは、その固定資産が会社で使用可能な状態になるまでに支払った金額のことで、**購入金額＋付随費用**です。

　取得原価は帳簿上の固定資産の価値を表す評価額とも言え、それを**帳簿価額**といいます。購入したばかりの固定資産は、取得原価 ＝ 帳簿価額です。決算時に減価償却処理を行うと、帳簿価額は変わります。

　ところで、なぜ固定資産の取得原価に付随費用を含めるかですが、たとえば皆さんが通販で1,000円のTシャツを購入し、送料が1,000円だったとしましょう。購入と同時にそれを友人に譲るとしたら、1,000円で譲りますか？　2,000円で譲りますか？　1,000円で譲れば損、2,000円で譲ればとんとん、3,000円で買うよと言ってもらえれば1000円の儲けになりますね。このように固定資産は、手に入れるための費用までを含めた金額を帳簿に記入することで、後で売却する場合でも、確実な利益や損失を計算できるのです。

車両運搬具として仕訳で記帳する金額は450,000円になるのね

	借方		貸方	
	車両運搬具	450,000	普通預金	450,000

資産:増加　　　　資産:減少

仕訳完成

―＜補足＞―
固定資産には、形のある有形固定資産と、形のない無形固定資産があります。本書で扱う固定資産は有形固定資産です。無形固定資産は、例えばソフトウェアや特許権などです。日商簿記検定2級で登場します。

10 自動車保険に加入したら？
支払保険料

社用車の任意保険に加入しました。1年分（6/1～来年5/31まで）144,000円を現金で支払いました。次期2カ月分も支払額に含まれていますが、そのまま仕訳してもいいですか？

OKだよ。会計期間中の取引はありのままを記入すればいいんだよ

保険料の支払い　支払保険料

　会社の営業・販売活動に必要な保険に加入して保険料を支払うことは、**支払保険料**または**保険料**という勘定科目を使います。商売に必要な支払なので費用に属します。

借方		貸方	
支払保険料	144,000	現金	144,000

費用：発生　　　資産：減少

　簿記上の取引はすべておこった通りに仕訳しましょう。決算時に必要な調整を行います。

勘定科目

・**支払保険料／保険料**（費用）　商売に必要な保険料を支払うことを指します。自動車の任意保険のほか、オフィスの火災保険や、地震保険なども該当します。

11 従業員を雇って給料を支払ったら？

給料　預り金　法定福利費

月末になったので、アルバイトのおたまちゃんに給料を支払います。初月の給料総額は90,000円です。おたまちゃんが負担する以下の金額を差し引いて、普通預金から支払います

・労働保険料600円

・健康保険・厚生年金保険料9,000円

・源泉所得税200円

そうだね。おたまちゃんの負担分はいったん会社が預かっておき、それぞれの機関に会社が代理で納付するんだよ

給料を支払う　給料　預り金

　従業員に支払う報酬は、**給料**という勘定科目を使います。商売に必要な支払いなので費用に属します。

　さて従業員のおたまちゃんは、社会保険に加入しているので毎月保険料を支払う必要があります。源泉所得税も同様です。しかし従業員が毎月自分で支払うのは大変なので、会社が給与から差し引いて預かり、あとで会社が納付する仕組みになっています。会社が預かったお金は**預り金**という勘定科目を使います。負債カテゴリーに属します。

　なお労働保険、健康保険、厚生年金保険はまとめて社会保険料といいます。

　では仕訳をしましょう。給料は会社が支給する総額を記入します。

　社会保険料9,600円、源泉所得税200円はすべて預り金なので合計9,800円を記入します、給与総額から預り金を差し引いた80,200を普通預金から支払います。

借方		貸方	
給料	90,000	預り金	9,800
		普通預金	80,200

費用：発生

負債：増加
資産：減少

上記仕訳の預り金は、**社会保険料預り金**と**所得税預り金**という勘定科目を使用して分けて記入することもできます。

借方		貸方	
給料	90,000	所得税預り金	200
		社会保険料預り金	9,600
		普通預金	80,200

社会保険料19,300円と源泉所得税200円を、それぞれの機関に現金で納付しました。社会保険料には会社負担9,700円（労働保険料700円、健康保険・年金保険料9,000円）も含まれています

従業員を雇用していると会社も社会保険料を負担しなければならないね

社会保険料や税金を納付する　法定福利費

社会保険料は、従業員負担分と会社負担分を合わせて納付します。会社負担分を支払うことは、**法定福利費**という勘定科目を使います。法定福利費は、法律で支払いが義務付けられている福利厚生※です。商売に必要な支払いなので費用に属します。

※福利厚生とは、会社が従業員やその家族に対して、健康や生活の向上につながるサービスを提供することです。

では仕訳をしましょう。

現金で支払った19,500円のうち、9,800円は従業員からの預り金なので、預り金の減少、9,700円が法定福利費の発生です。

借方		貸方	
預り金	9,800	現金	19,500
法定福利費	9,700		

負債：減少
費用：発生

資産：減少

上記仕訳の預り金を、社会保険料預り金と所得税預り金に分けて記入することもできます。

借方		貸方	
所得税預り金	200	現金	19,500
社会保険料預り金	9,600		
法定福利費	9,700		

勘定科目

- **給料**（費用）　従業員に給料を支払うことを指します。人件費は商売に必要な支払なので費用に属します。仕訳では**給与総額を記入**します。
- **預り金**（負債）　従業員から預かったお金を指します。負債に属します。社会保険料や税金を預かると、預り金という負債は増加します。
- **社会保険料預り金**（負債）　預り金を区別した勘定科目です。健康保険、介護保険、厚生年金保険、雇用保険などが該当します。
- **所得税預り金**（負債）　預り金を区別した勘定科目です。源泉徴収税が該当します。
- **法定福利費**（費用）　社会保険料の会社負担分を支払うことを指します。

> **チェック**
>
> ・労働保険は、すべての従業員が加入する労災保険と、一定の条件を満たす従業員が加入する雇用保険があります。労働保険料は保険料率に基づいて会社と従業員が負担し、会社がまとめて労働基準監督署に納付します。実際は、年度当初に概算で申告・納付し、翌年度の当初に確定申告の上精算することになっています。
> 本書では仕訳の練習のため毎月納付という設定にしてあります。
> ・健康保険・厚生年金保険は報酬に応じた保険料額を会社と従業員が半分ずつ負担し、会社がまとめて納付します。

12 従業員の支払いを立て替えたら？
従業員立替金

今日、floglifeにおたまちゃん宛の荷物が届いたので、送料2,000円を現金で立替えました

従業員の支払いを一時的に立て替えた　従業員立替金

　会社が従業員のプライベートの支払いを立て替えたときは**従業員立替金**という勘定科目を使います。立て替えは一時的にお金を貸していることと同じ意味なので資産に属します。立て替えた時に従業員立替金という資産は増加します。

立替える＝貸付が増加

借方		貸方	
従業員立替金	2,000	現金	2,000

資産：増加　　資産：減少

おたまちゃんから先日立て替えた現金2,000円の返済をうけました

従業員から立て替え金の返済を受けた

　従業員から、以前立て替えた代金の返済を受けたときは、従業員立替金は減少します。

	借方		貸方	
	現金	2,000	従業員立替金	2,000

立替えたお金の返済＝貸付の減少

資産：増加　　資産：減少

> **勘定科目**
>
> ・**従業員立替金**（資産）または**立替金**（資産）　従業員の支払いを会社が立て替えることを指します。後で返金を受けるお金なので資産に属します。

13 約束手形で支払ったら？
支払手形

当座預金口座を持っていると、小切手のほかに約束手形を使った支払いができるそうですね

約束手形とは

約束手形は、小切手と同じように支払いに使える証券です。約束手形の仕組みを見てみましょう。

▼約束手形の仕組み

- 受取人。名宛人や指図人ともいう
- 振出人が当座預金口座を開設している銀行
- 振出人の当座預金口座から現金を引き出せる日

❻ アメ株式会社　様

❶ 支払期日： X6年〇月〇日
❷ 支払場所： さみだれ銀行

❹ 金額　¥200,000

❺ 上記の金額をあなたまたはあなたの指図人へ
この約束手形と引き換えにお支払いします

振出日： X6年△月△日　　❸ 振出人： floglife㈱

- 当座預金口座の名義人 約束手形の発行者

❶ X6年〇月〇日 に
❷ さみだれ銀行 の
❸ floglife㈱ の当座預金口座から
❹ 200,000円 を引き出し
❺❻ この約束手形と引換えにあなた（＝**受取人であるアメ株式会社**）
　　へ支払ってください

約束手形は、当座預金口座の持ち主が、支払い日、金額、金額を受け取る人の名前（受取人）などを記載して発行します。この手続きを「約束手形を振り出す」といい、振り出した人（当座預金の名義人）を「振出人」といいます。振り出された約束手形に記載されている受取人が、支払期日に銀行に持参すると、振出人の当座預金口座から現金を引き出せます。受取人に対して期日に支払いを約束する証券なので約束手形という名称なのですね。

小切手との使い分けですが、小切手は持参人がすぐに換金できますが、約束手形は支払期日がこないと受取人は換金できません。つまり支払いを遅らせたい時※などに、約束手形を使います。

※売掛金の回収が遅れているなどの理由で資金不足の場合に、支払いを遅らせたいと考えますね。

―＜補足＞―
・小切手や約束手形の支払いができないことを「不渡りを出す」といいます。6カ月以内に2回不渡りをだすと、銀行が取引停止処分を出し、当座預金口座が使えなくなります。会社の信用が低下しますので、倒産に追い込まれるなどの大ダメージにつながります。

サニー㈱から商品1,500,000円分を仕入れ、約束手形を振り出しました。支払期日は20日後です

約束手形を振り出した　支払手形

振り出した約束手形は、**支払手形**という勘定科目を使います。代金を支払期日まで借りることになるので、負債に属します。約束手形を振り出すと支払手形という負債は増加します。

借方		貸方	
仕入	1,500,000	支払手形	1,500,000

費用：発生　　　負債：増加

当座預金口座を確認したところ、サニー㈱に20日前に振り出した約束手形1,500,000円が無事に決済されました

振り出した約束手形が支払期日に決済された

　振り出した約束手形の代金が、無事に当座預金口座から支払われたので、仕訳をしましょう。

	借方		貸方	
	支払手形	1,500,000	当座預金	1,500,000

支払手形：負債：減少
当座預金：資産：減少

勘定科目

- **支払手形**（負債）　約束手形の振り出しを指します。支払期日までは代金を借りているので、負債に属します。約束手形を振り出すと増加し、支払期日に支払われると減少します。
　なお、約束手形という勘定科目はありません。

168

14 約束手形を受け取ったら？
受取手形

売上代金としてアミカ㈱振り出しの約束手形300,000円を受け取りました。もしかして受取手形？

他社振り出しの約束手形を受け取る　受取手形

他社振り出しの約束手形を受け取ったら**受取手形**という勘定科目を使います。支払期日までは先方に売上代金を貸していることになるので資産に属します。

借方		貸方	
受取手形	300,000	売上	300,000

資産：増加　　　収益：発生

仕訳完成

先日受け取った約束手形300,000円が無事に当座預金口座に入金されたので、現金300,000円を引き出しました

受け取った約束手形が支払期日に入金された

　他社振り出しの約束手形が支払期日に入金されたので仕訳をします。ポイントは、受取手形が減少することです。
　また今回は即現金を引き出していますね。仕訳方法は2通りあります。1つ目は手形代金の入金取引と、現金引き出し取引を分けて仕訳する方法です。

▼当座預金に手形代金300,000円が入金された

	借方		貸方	
	当座預金	300,000	受取手形	300,000

資産：増加　　　　資産：減少

▼当座預金から300,000円引き出した

	借方		貸方	
	現金	300,000	当座預金	300,000

2つ目はまとめて1つの取引として仕訳する方法です。

▼当座預金に手形代金300,000円が入金され、即現金を引き出した

	借方		貸方	
	~~当座預金~~	~~300,000~~	受取手形	300,000
	現金	300,000	~~当座預金~~	~~300,000~~

1つの取引の貸借に当座預金があります。
この場合は相殺されるので消します。

	借方		貸方	
	現金	300,000	受取手形	300,000

今回のような取引の場合、どちらかといえば2つ目の書き方が主流です。

> **勘定科目**
>
> ・**受取手形**（資産）　他社振り出しの約束手形の受け取りを指します。支払期日までは代金を貸していることになるので資産に属します。受け取ったときは受取手形の増加となり、支払期日に入金されたら受取手形の減少となります。

第2章　腕試し1

X6年4月～6月末までの取引について、問題を解いてみましょう。

なお、問題・解答用紙は、サイト上に用意してありますのでダウンロードしてください。

15 得意先が倒産したら？
貸倒損失

得意先のKAGE㈱が倒産しました。先月発生した売掛金50,000円が回収できなくなりました

掛けや手形取引をしていると、今回のようなケースに遭遇してしまうことがある。KAGE㈱の売掛金は当社で負担するしかない。回収できない売掛金をずっと総勘定元帳に残しておくわけにはいかないからね

回収不能な売上債権の処理　貸倒損失

　得意先に対する売掛金や受取手形などの売上債権※が回収不能になることを貸倒れと言います。貸倒れが生じたら、当社がこれらの代金を負担し、売上債権を減少させる仕訳をします。

　※売上債権とは、売上代金を請求する権利を指します。売掛金、クレジット売掛金、受取手形、電子記録債権（29節で解説）などが該当します。

　当期に発生した売上債権を当社が負担するときは**貸倒損失**という勘定科目を使います。費用に属します。今回のような不測の事態の損失も費用と捉えます。

借方	貸方
貸倒損失　50,000	売掛金　50,000

費用：発生　　　資産：減少

今回は50,000円の負担で済みましたが、当社の売上債権は他にもあるので少し怖いですね

今後は貸倒れに対処できるよう、専用のお金を貯めておくことにしよう。ただしこれは決算時に行うよ

いつか50,000円が返ってくればいいのに

例えば前期に貸し倒れになった売上債権が、ラッキーなことに今期になって回収できることも稀にあるよ

処理済みの債権が当期に回収できた時

前期以前に倒産し、すでに貸倒れ処理が済んでいる売上債権が回収できることがあります。これは**償却債権取立益**という勘定科目を使用して仕訳します。名前のとおり償却（当社が費用化すること）済み債権を取り立てることができたラッキーな収入という意味で収益に属します。

以下の例題で仕訳を確認しましょう。

例題で確認

例　2年前に貸倒れ処理した売掛金15,000円が現金で回収できた。

借方		貸方	
現金	15,000	償却債権取立益	15,000

収益：発生

売掛金を減少させないように注意しましょう。
当時の売掛金は貸倒れ処理により消滅しています。

勘定科目

・**貸倒損失**（費用）　貸倒れによる売上債権を当社が負担することを指します。費用に属します。売掛金や受取手形は、貸倒れのリスクを持っているのでできるだけ早く回収することが大切です。

・**償却債権取立益**（収益）　**当期より前に**貸倒れ処理した売上債権が回収できた時のラッキーな収入を指します。

16 商品の返品があったら？ 売上戻り　仕入戻し

先日掛けで売り上げた商品100,000円のうち20,000円分が品違いのため先方から返品されました。この場合はどうしたらいいの？

返品分の売上を取り消す仕訳をおこそう

返品の処理　売上戻り

以前売り上げた商品の一部が返品されることを**売上戻り**といいます。売上戻りがあったときは、当時の仕訳から返品分を取り消すための仕訳をおこします。

当時の仕訳は以下の通りです。

借方		貸方	
売掛金	100,000	売上	100,000

資産：増加　　　　　　　　　収益：発生

▼当時の売上勘定と売掛金勘定

取消	売上	発生	増加	売掛金	減少
	x/x ・・・	XX,XXX	x/x ・・・	XXX,XXX	x/x ・・・ XX,XXX
	x/x ・・・	XX,XXX	x/x ・・・	XX,XXX	x/x ・・・ XX,XXX
	x/x 売掛金	100,000	x/x 売上	100,000	

売上を取り消すには、仕訳の借方（左）に売上を記帳します。相手勘定科目の売掛金は右（貸方）に記帳します。つまり当時の仕訳と勘定科目が逆配置になります。

借方		貸方	
売上	20,000	売掛金	20,000

収益：取消　　　　　　　　　資産：減少

　Ｔフォーム転記後は、売上発生額と売掛金残高が20,000円減少し、取り消されたことになります。

▼Ｔフォームの様子

取消	売上	発生	増加	売掛金	減少
x/x 売掛金 20,000	x/x ・・・ XX,XXX	x/x ・・・ XXX,XXX	x/x ・・・ XX,XXX
	x/x ・・・ XX,XXX	x/x ・・・ XX,XXX	x/x ・・・ XX,XXX
	x/x 売掛金 100,000	x/x 売上 100,000	x/x 売上 20,000

返品分の売り上げが取り消された　　　返品分の売掛金が減少した

当社も以前掛けで仕入れた商品150,000円のうち、10,000円分を返品しました。誤仕入れでした

返品の処理　仕入戻し

　仕入先に返品する場合もあります。これを**仕入戻し**といいます。仕訳は売上戻りと同様の考え方で行います。

　当時の仕訳は以下の通りです。

借方		貸方	
仕入	1,100,000	買掛金	150,000
		支払手形	950,000

費用：発生　　　　　　　　　負債：増加

　それでは仕入戻しの仕訳をしましょう。

	借方		貸方	
	買掛金	10,000	仕入	10,000

負債：減少　　　　　費用：取消

ふむふむ。返品の処理は当時の仕訳から勘定科目を逆配置し、返品額を記入する！　と覚えればいいですね

チェック

・売上戻りや仕入戻しがあったら、必ずその前提として当時の売上・仕入の仕訳があります。当時の仕訳の勘定科目を逆配置して、返品金額を記入した仕訳をおこせば返品処理が完了します。

17 注文時に手付金を支払ったら？
前払金

今日は商品を注文しました。手付金として代金の一部200,000円を、小切手を振り出して支払いました

手付金の処理をしよう。いいかい、まだ仕入は成立しないからね

手付金を支払った　前払金

　商品注文時に支払う手付金や予約金は、代金の一部を事前に支払うことを指します。

　手付金を支払うときは**前払金**という勘定科目を使用します。資産に属します。なぜなら簿記上は、注文した商品を受け取った段階で支払いが生じる（仕入が発生する）と考えるため、注文時では「先方に預けてあるお金」ととらえるからです。

　今回は前払金増加の仕訳になります。

借方		貸方	
前払金	200,000	当座預金	200,000

資産：増加

Tフォームは以下の通りです。

▼前払金勘定と当座預金勘定

```
　増加　　　前払金　　　　減少　　　増加　　　　当座預金　　　　減少
x/x 当座預金 200,000                x/x  …  XXX,XXX  x/x  …  XX,XXX
                                    x/x  …   XX,XXX  x/x  …  XX,XXX
                                                     x/x 前払金 200,000
```

手付金として預けた

手付金200,000円を支払って注文した商品が今日届いたね

仕入総額700,000円です。残額は小切手を振り出して支払いました。この仕訳には前払金も絡んできますよね

手付金支払い後に商品を仕入れる

　注文した商品を受け取ったので、ここで仕入処理をします。ポイントは支払った手付金200,000円が仕入代金に充当されることです。

　仕訳は以下の通りです。

借方		貸方	
仕入	700,000	当座預金	500,000
		前払金	200,000

資産：減少

　Tフォームを確認しましょう。

▼前払金勘定の残高は0になる

```
  発生          仕入            取消       増加           当座預金           減少
x/x  ・・・ XX,XXX │x/x  ・・・ XX,XXX    x/x ・・・ XXX,XXX │x/x ・・・ XX,XXX
x/x  ・・・ XX,XXX │                      x/x ・・・ XX,XXX │x/x ・・・ XX,XXX
  ：      ：     │                                       │x/x 前払金 200,000
x/x 諸口 700,000 │                           仕入代金 ┌  │x/x 仕入   500,000
```

```
   増加        前払金        減少
x/x 当座預金 200,000 │x/x 仕入 200,000
```

仕入代金に充当するため、預けたお金は消滅(減少)する

貸借同額により残高0

勘定科目

- **前払金**（資産） 商品注文時に手付金や予約金を先方に預けることを指します。預けたお金は資産に属します。手付金を支払うと前払金は増加します。商品を受け取ったら代金に充当するため前払金は減少します。

チェック

- 仕入が成立すると事前に支払った手付金は仕入代金に充当されるので、前払金は減少し0になります。
- 手付金支払い時と仕入時の仕訳からも前払金が相殺されることが確認できます。

借方		貸方	
前払金	200,000	当座預金	200,000

借方		貸方	
仕入	700,000	当座預金	500,000
		前払金	200,000

18 注文を受けた時に手付金を受け取ったら？
前受金

コナギ㈱から商品の注文をいただき、手付金として現金300,000円を受け取りました。もしかしてこれは

そう。前受金だよ

手付金を受け取った　前受金

　前節の逆パターンです。商品受注時に受け取る手付金や予約金は、代金の一部を事前に受け取ることを指します。

　手付金を受け取ったときは**前受金**という勘定科目を使用します。受け取ったお金はこの時点ではまだ先方のものなので負債に属します。なぜなら簿記上は、商品を渡した時に販売が成立（売り上げが発生）すると考えるため、受注時は「先方から預かったお金」としてとらえるからです。

　今回は前受金増加の仕訳になります。

借方		貸方	
現金	300,000	前受金	300,000

負債：増加

Tフォームは次の通りです。

▼前受金勘定と現金勘定

増加	現金	減少	減少	前受金	増加
x/x ・・・ XXX,XXX	x/x ・・・ XX,XXX			x/x 現金	300,000
x/x ・・・ XX,XXX	x/x ・・・ XX,XXX				
x/x 前受金 300,000					

手付金として預かった

以前注文を受けた商品900,000円をコナギ㈱に売り上げました。手付金との差額600,000円は掛けにしました

売上げ時の前受金の処理

商品を売り渡したので売上処理をします。受け取った手付金300,000円は売上代金に充当されます。

仕訳は以下の通りです。

借方		貸方	
前受金	300,000	売上	900,000
売掛金	600,000		

負債：減少
資産：増加

Tフォームを確認しましょう。

▼前受金勘定の残高は0になる

減少	前受金	増加
x/x 売上 300,000	x/x 現金 300,000	

売上代金に充当するため、預かったお金は消滅(減少)する

貸借同額により残高0

取消	売上	発生
	x/x ・・・ XX,XXX	
	x/x ・・・ XX,XXX	
	： ： ：	
	x/x 諸口 900,000	

増加	売掛金	減少
x/x ・・・ XXX,XXX	x/x ・・・ XX,XXX	
x/x ・・・ XX,XXX	x/x ・・・ XX,XXX	
： ： ：		
x/x 売上 600,000		

売上代金

増加	現金	減少
x/x ・・・ XXX,XXX	x/x ・・・ XX,XXX	
x/x ・・・ XX,XXX	x/x ・・・ XX,XXX	
x/x 前受金 300,000		

勘定科目

・**前受金**（負債） 商品受注時に手付金や予約金を預かることを指します。まだ先方のお金なので負債に属します。手付金を預かると前受金は増加し、商品売上時には代金に充当するため前受金は減少します。

チェック

・売上が成立すると事前に受け取った手付金は売上代金に充当されるので、前受金は減少し0になります。
・手付金受取り時と売上時の仕訳からも前受金が相殺されることが確認できます。

借方		貸方	
現金	300,000	前受金	300,000

借方		貸方	
前受金	300,000	売上	900,000
売掛金	600,000		

19 仕入時にその他費用を支払ったら？

立替金

 サニー㈱から商品500,000円を掛けで仕入れましたが、社用車では運搬できず、先方に依頼しました。運搬費用として10,000円を現金で支払いました

 仕入れ時に商品代金以外の支払いをしたら、すべて仕入代金に含めて仕訳するんだよ

仕入諸掛　当社負担

仕入れ時に、仕入れ代金のほかに運送費（引取運賃ともいう）や保険料が発生する場合があります。これら仕入れに伴う費用を**仕入諸掛**と言います。

さて、**仕入諸掛を当社が負担する場合は、仕入れ代金に含めて仕訳しましょう。**

借方		貸方	
仕入	510,000	買掛金	500,000
		現金	10,000

仕訳完成

 先ほどの取引で、もし仕入諸掛10,000円を仕入れ先が負担してくれたら？

 当社の仕入諸掛は0だから、通常の掛け仕入れのみだよ。仕入諸掛はふ・く・め・な・い

先方が仕入諸掛を負担してくれた場合の当社の仕訳はいつも通りです。当社が負担するときだけ仕入諸掛が発生します。

借方		貸方	
仕入	500,000	買掛金	500,000

さてややこしい例を出そう。仕入諸掛は仕入れ先が負担するが、いったん当社が立て替える場合を考えてみよう。仕訳は2つのパターンがあるからおさえておこう

仕入諸掛　先方負担　立替金　買掛金と相殺

仕入れ先が負担する仕入諸掛を当社が立て替えた場合の仕訳は2パターンあります。それぞれ例で確認しましょう。

例題で確認

例 商品を掛けで500,000円仕入れた。その際の運送費10,000円は先方が負担するが、当社が現金で立て替えた。

●買掛金と相殺する仕訳パターン

仕入諸掛は先方負担なので仕入れ金額は500,000円ですね。

いずれ仕入れ先に支払う買掛金は500,000円ですが、運送費10,000円を差し引いた額を支払えばいいので買掛金を490,000円にします。仕訳は以下の通りです。

借方		貸方	
仕入	500,000	買掛金	490,000
		現金	10,000

のちほど、買掛金490,000円を現金で支払ったとする仕訳は以下の通りです。

借方		貸方	
買掛金	490,000	現金	490,000

●立替金を使用して仕訳するパターン

立て替えるとは、先方にお金を貸しているのと同じことで、いずれ返ってくるお金です。代金を立て替えるときは**立替金**という勘定科目を使用します。資産に属します。

仕訳は以下の通りです。

借方		貸方	
仕入	500,000	買掛金	500,000
立替金	10,000	現金	10,000

費用：発生
資産：増加

のちほど、買掛金500,000円を現金で支払い、仕入先から現金10,000円が返済されたとすると、立替金は減少します。仕訳は以下のようになります。

借方		貸方	
買掛金	500,000	現金	500,000

借方		貸方	
現金	10,000	立替金	10,000

資産：減少

勘定科目

- **立替金**（資産）　本来支払う人に代わって金銭を支払うことを指します。あとで返ってくるので資産に属します。立て替えたら立替金は増加し、返済されたら減少します。

チェック

- 仕入諸掛は、仕入れの際に付随する費用を指します。例えば運送費や保険料、梱包費などです。
- 当社負担の仕入諸掛は、仕入代金に含めて仕訳しましょう。
- 先方負担の仕入諸掛を立て替えた場合の仕訳は2パターンあり、立て替えた金額を買掛金から差し引くか、立替金勘定を使います。

20 売上時にその他費用を支払ったら？
発送費

サワガニ㈱に商品700,000円を掛けで売上げたのですが、先方までの運搬費用12,000円を現金で支払いました

売上時に当社が運送費などを支払ったら、費用として記帳するんだよ

売上諸掛　当社負担　発送費

　売上げ時に、得意先までの運送費（引取運賃ともいう）や保険料が発生する場合があります。このように売上げに伴う費用を**売上諸掛**と言います。

　さて、**売上諸掛を当社が負担する場合は、売上とは分けて運送費などの費用を発生させて仕訳しましょう。**

　なお運送費は**発送費**（**費用**）という勘定科目を使用します。商品を売るためにかかった費用なのできちんと記帳します。

借方		貸方	
売掛金	700,000	売上	700,000
発送費	12,000	現金	12,000

先ほどの取引で、もし売上諸掛12,000円を得意先が負担してくれたら？

当社の売上諸掛は0だから、通常の掛け売上のみだよ

先方が売上諸掛を負担してくれた場合の当社の仕訳は、いつも通りですね。

借方		貸方	
売掛金	700,000	売上	700,000

ややこしい例題を出そう。売上諸掛は得意先が負担するが、いったん当社が立て替えて支払う場合を考えよう。この場合は2つの仕訳パターンがあるからおさえておこう

売上諸掛　先方負担　立替金　売掛金と相殺

　得意先が負担する売上諸掛を当社が立て替えた場合の仕訳は2パターンあります。それぞれ例で確認しましょう。

例題で確認

例　商品を掛けで500,000円売り上げた。その際の運送費10,000円は先方が負担するが、当社が現金で立て替えた。

●売掛金と相殺する仕訳パターン

　得意先から回収する売掛金は500,000円ですが、立て替えた運送費10,000円を含めて受け取ればいいので売掛金を510,000円にします。これを仕訳にすると以下のようになります。

借方		貸方	
売掛金	510,000	売上	500,000
		現金	10,000

のちほど、売掛金510,000円を現金で受け取ったとする仕訳は以下の通りです。

借方		貸方	
現金	510,000	売掛金	510,000

●立替金を使用して仕訳するパターン

仕訳は以下の通りです。

借方		貸方	
売掛金	500,000	売上	500,000
立替金	10,000	現金	10,000

売掛金500,000円と立替金10,000が得意先から現金などで入金されたときは、売掛金と立替金は減少します。

借方		貸方	
現金	510,000	売掛金	500,000
		立替金	10,000

勘定科目

- **運送費**（費用）　運送費を指します。費用に属します。

チェック

- 売上諸掛は、売上時に付随する費用を指します。例えば運送費や保険料、梱包費などです。
- 当社負担の売上諸掛は、運送費を使って仕訳しましょう。
- 先方負担の売上諸掛を立て替えた場合の仕訳は2パターンあり、立て替えた金額を売掛金に加算するか、立替金勘定を使います。

21 後払いで備品を購入したら？
未払金

新しい陳列棚を購入しました。本体280,000円、運送と設置費用が20,000円でした。代金は後払いにしました

先に言っとくけど、掛け取引じゃないからね

後払いで備品を購入した　未払金

　仕入れ以外の代金を後払いにするときは**未払金**という勘定科目を使用します。後で支払う義務があるため負債に属します。

　なお仕入取引の後払いは買掛金を使用しますね。商品の購入と、商品以外の購入では同じ後払いでも勘定科目が違いますから注意しましょう。

借方		貸方	
備品	300,000	未払金	300,000

負債：増加

備品などの固定資産を購入した時は取得原価を記入します。9節参照

未払金を支払った

先日購入した陳列棚と諸費用の合計300,000円について小切手を振り出して支払いました

代金を支払うと、未払金という負債は減少します。

借方		貸方	
未払金	300,000	当座預金	300,000

負債：減少

仕訳完成

> **勘定科目**
>
> ・**未払金**（負債）　商品以外のものを購入したときの代金の後払いを指します。支払うまでは代金を借りているので負債に属します。後払いで購入したときは未払金の増加とし、のちに代金を支払ったら未払金の減少とします。なお、仕入取引の後払いは買掛金です。

22 古い備品を売却したい 現時点の価値は？

古い陳列棚を売却しようかな…価格はどうやって決めようかしら

土地以外の固定資産は現時点の価値が計算できる。それを参考にして売却額を決めたらどう？

固定資産の現時点の価値

備品の現時点での価値を計算するには、まず総勘定元帳の備品勘定を見ましょう。期首の備品の帳簿価額は150,400円です（次の図）。そこから今日までの価値の減価分を計算し、期首の帳簿価額から引きます。

▼期首の備品の帳簿価額

備品		備品減価償却累計額	
4/1 前期繰越 153,600			4/1 前期繰越 3,200
x/x 未払金 300,000			

X6年4月1日の備品の帳簿価額150,400円
153,600-3,200=150,400

なるほど。4/1から今日9/30まで6カ月使用しているから、さらに価値は下がっているわね

前期決算時の減価償却を思い出してほしい。陳列棚の減価分として減価償却費を計算したね

103ページを参照してください。この備品の1年間の減価償却費は19,200円です。しかし当期の減価分は、4/1～9/30までの半年分となります。月割り計算すると、19,200 × 6/12 = 9,600円 です。

つまり、4/1時点の備品は150,400円、そこから9/30までに9,600円分使用しているから、9/30時点の価値は150,400 − 9,600 = 140,800円 ということね。この金額を基準に売却額を決めるわ

▼9/30時点の帳簿価額

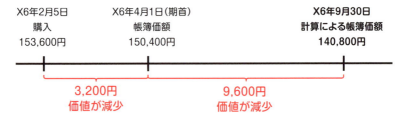

チェック

・土地以外の固定資産は時間の経過とともに価値が下がっていくことを覚えておきましょう。
・備品の現時点での価値は、総勘定元帳の備品勘定と備品減価償却累計額勘定より期首の帳簿価額を把握し、そこから当期の使用月数分の価値を減少させます。

23 代金を後で受け取る約束で備品を売却したら？

未収入金　固定資産売却益

古い陳列棚を145,000円で売却します。現時点の帳簿価額を計算したら140,800円だったから、4,200円儲かります。代金は来月末に受け取ることにしました

売却することにより利益が発生するね。さあ仕訳をしよう

備品の売却処理　減価償却費　未収入金　固定資産売却益

備品の売却時の仕訳をしましょう。

売却する備品の総勘定元帳を見ると、4/1時点の備品153,600円（取得原価）と備品減価償却累計額3,200円が記帳されています。売却により総勘定元帳から消滅させるため、これらの勘定を貸借逆に配置した仕訳を記入します。

▼備品を帳簿から消滅させる

増加	備品	減少		減少	備品減価償却累計額	増加
4/1 前期繰越　153,600					4/1 前期繰越　3,200	
x/x 未払金　300,000		引き出す時は貸方へ記入		引き出す時は借方へ記入		

借方		貸方	
備品減価償却累計額	3,200	備品	153,600

次に、前節で計算した4/1〜9/30までの減価分として減価償却費9,600円を記帳します。

借方		貸方	
備品減価償却累計額	3,200	備品	153,600
減価償却費	9,600		

代金145,000円は来月末に受け取ることにしました。売上以外の代金を後で受け取るときは、**未収入金**という勘定科目を使います。資産に属します。未収入金145,000円の増加を記帳します。

借方		貸方	
備品減価償却累計額	3,200	備品	153,600
減価償却費	9,600		
未収入金	145,000		

> 資産マイナス：減少
> 費用：発生
> 資産：増加

さて、借方（左）の合計は157,800円で、貸方（右）との差額は、4,200円になります。これが売却の利益になります。

固定資産売却時の利益は**固定資産売却益**という勘定科目を使います。収益に属します。固定資産売却益4,200円の発生を記帳します。

借方		貸方	
備品減価償却累計額	3,200	備品	153,600
減価償却費	9,600	固定資産売却益	4,200
未収入金	145,000		

仕訳完成

> 資産：減少
> 収益：発生

貸借が157,800円の同額になり仕訳完成です。少し複雑な仕訳になりますが、仕訳のポイントでコツを確認してください。

勘定科目

- **未収入金**（資産）　商品以外のものを売却した時の代金を、後で受け取ることを指します。受け取るまでは先方に代金を貸していることになるので資産に属します。なお、商品売上時に代金を後で受け取る取引は、売掛金を使用します。混同しないように注意しましょう。
- **固定資産売却益**（収益）　固定資産売却時の利益を指します。
- **固定資産売却損**（費用）　固定資産売却時の損失を指します。損失は当社が負担するので費用に属します。

チェック

・土地以外の有形固定資産売却時の仕訳はこう覚えよう

▼仕訳のポイント

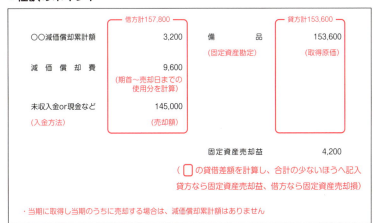

・当期に取得し当期のうちに売却する場合は、減価償却累計額はありません

●固定資産の売却時に損失が出た場合

例題で確認

例 陳列棚を130,000円で売却する。取得原価153,600円、期首(4/1)の備品減価償却累計額勘定3,200円、期首～売却日(9/30)までの減価償却費は9,600である。なお代金は来月末に受け取る。

借方		貸方	
備品減価償却累計額	3,200	備品	153,600
減価償却費	9,600		
未収入金	130,000		
固定資産売却損	**10,800**		

資産マイナス：減少
費用：発生
資産：増加
費用：発生

固定資産売却損は費用に属すので、借方(左)に記帳されます。

代金を受け取った

 先方から備品の代金145,000円を現金で受け取りました

代金を受け取ると、未収入金という資産は減少します。

X6年	借方		貸方	
	現金	145,000	未収入金	145,000

第2章　腕試し2

X6年7月～9月末までの取引について、問題を解いてみましょう。

なお、問題・解答用紙は、サイト上に用意してありますのでダウンロードしてください。

24 お金を借りたら？
借入金　手形借入金　支払利息

今後まとまったお金が必要になるので、銀行からお金を借りました。普通預金口座に借入額3,000,000円が今日入金されました

事業を継続していると金融機関からの借り入れが必要になるときがあるよね。ただし借りたものは返さなければならない。利息も添えてね

借用証書を交わしてお金を借りる　借入金

　会社が金融機関、他社、他人などから借用証書を交わしてお金を借りたときは**借入金**という勘定科目を使います。あとで返済する義務があるので負債に属します。今回の取引は借入金の増加です。

▼借用証書のイメージ　返済額等が記載されている

借用証書

さみだれ銀行　様
・・・・・・・・・・・・・・・
・・・・・・・・・・・・・・・・・・・

元本

借入額	¥3,000,000
返済月数	10カ月
月々返済額	**¥300,000**

利息

利率	年8%
利息額 (借入額×利率×返済月数/12)	¥200,000
月々返済額	**¥20,000**

毎月320,000円ずつ10回お支払いします

floglife株式会社

仕訳は以下の通りです。

借方		貸方	
普通預金	3,000,000	借入金	3,000,000

負債：増加

借入金の返済日になりました。借用証書記載のとおり月々の返済300,000円と利息20,000円合わせて320,000円を普通預金口座から支払いました

借入金の返済と利息の支払い　支払利息

　銀行などからお金を借りると借入利息が発生します。今回は返済と共に利息も支払いました。利息を支払うときは**支払利息**という勘定科目を使います。費用に属します。また元金である借入金は返済すると減少します。

借方		貸方	
借入金	300,000	普通預金	320,000
支払利息	20,000		

負債：減少
費用：発生

取引先に現金150,000円借りました。1カ月後に返済するので借用証書の代わりに約束手形を振り出しました

借入に約束手形を使う場合、支払手形とは別の勘定科目で仕訳するよ

約束手形を振り出してお金を借りる　手形借入金

　銀行、他社、他人からお金を借りる際に、借用証書の代わりに約束手形を振り出すことがあります。約束手形には金額、支払人、支払期日が明記されているので借用証書の代わりになるのです。さて借入れ時に振り出した約束手形は、商取引の決済と分けるため**手形借入金**という勘定科目を使います。負債に属します。今回の取引は手形借入金の増加になります。

借方		貸方	
現金	150,000	手形借入金	150,000

負債：増加

先日借り入れのために振り出した約束手形の期日が到来し、当座預金口座から152,000円を支払いました。元金150,000円と利息2,000円です

手形借入金の返済と利息の支払い

手形借入金は返済すると減少します。また、支払利息も記帳しましょう。

借方		貸方	
手形借入金	150,000	当座預金	152,000
支払利息	2,000		

勘定科目

- **借入金**（負債）　お金を借り入れることを指します。返済の義務があるので負債に属します。お金を借り入れると借入金は増加し、返済すると減少します。
  ※一般的にお金を借りるときは借用証書を交わします。
- **手形借入金**（負債）　借用証書の代わりに約束手形を振り出してお金を借りることを指します。
- **支払利息**（費用）　利息を支払うことを指します。借金の返済額に利息も含まれている場合は、元金の返済額と利息を分けて仕訳しましょう。

例題で確認

例　借入金の返済総額300,000円を当座預金から支払った。なお利息10,000円が含まれている。

借方		貸方	
借入金	290,000	当座預金	300,000
支払利息	10,000		

日商簿記検定3級対策

借入金の利息計算が問題に含まれている場合があります。例を見て確認しましょう。

例題で確認

例1　銀行から900,000円を借り入れ、本日利息と共に普通預金口座から返済した。なお利息は年6％、借入期間5カ月である。

 利息は年○％で与えられます。本問のように5カ月であれば月割計算が必要です。

利息の月割り ＝ 借入れ額 × 年利率 × 月数/12

よって 900,000×0.06（6％のこと）× 5/12 ＝ 22,500

借方		貸方	
借入金	900,000	普通預金	922,500
支払利息	22,500		

例2 銀行から1,460,000円を借り入れ、本日利息と共に普通預金口座から返済した。なお利息は年4%、借入期間120日

 利息は年○%で与えられます。本問のように借入期間が日単位であれば日割計算します。

利息の日割り ＝ 借入れ額 ×　年利率 × 日数/365

よって 1,460,000×0.04（4%のこと）× 120/365 ＝ 19,200

借方		貸方	
借入金	1,460,000	普通預金	1,479,200
支払利息	19,200		

25 お金を貸したら？

貸付金　手形貸付金
従業員貸付金　役員貸付金

 借用証書を交わして取引先に現金10万円を貸し付けました。もしかして…

 そう。貸付金だね

借用証書を交わしてお金を貸す　貸付金

他社、他人に借用証書を交わしてお金を貸し付けるときは**貸付金**という勘定科目を使います。あとで返ってくるお金なので資産に属します。

▼借用証書のイメージ　返済額等が記載されている

```
               借用証書
   floglife株式会社　様
   ・・・・・・・・・・・・・・・・
   ・・・・・・・・・・・・・・・・

   元本
   ┌─────────────┬─────────────┐
   │ 借入額      │ ¥100,000    │
   ├─────────────┼─────────────┤
   │ 返済月数    │ 20日後      │
   ├─────────────┼─────────────┤
   │ **返済額**  │ **¥100,000**│
   └─────────────┴─────────────┘

   利息
   ┌─────────────┬─────────────┐
   │ **利息額**  │ ¥2,250      │
   └─────────────┴─────────────┘

   20日後に102,250円を返済いたします。

                            アメ株式会社 Ⓐ
```

今回の取引は貸付金の増加ですね。仕訳は以下の通りです。

借方		貸方	
貸付金	100,000	現金	100,000

資産：増加

貸付金の返済日です。借用証書記載のとおり一括返済で利息とともに102,250円が普通預金に入金されました

貸付金の返済と利息の受け取り　受取利息

他社などに貸し付けたお金の利息を受け取るときは**受取利息**という勘定科目を使います。収益に属します。第1章18節で預金利息を受け取った時にも使用しましたね。
また、元金である貸付金は返済されると減少します。

借方		貸方	
普通預金	102,250	貸付金	100,000
		受取利息	2,250

資産：減少
収益：発生

取引先に現金100,000円を貸し付けましたが、借用証書の代わりに同額の約束手形を受け取りました

約束手形を受け取って貸し付けたときは手形貸付金という勘定科目を使うよ

約束手形を受け取ってお金を貸した　手形貸付金

　他社、他人にお金を貸した時に約束手形を受け取ることがあります。約束手形には金額、支払人、支払期日が明記されているので借用証書の代わりになります。さて貸し付け時に受け取った約束手形は、**手形貸付金**という勘定科目を使います。期日までは貸しているお金なので資産に属します。今回の取引は手形貸付金の増加になります。受取手形勘定は使わないので注意しましょう。

借方		貸方	
手形貸付金	100,000	現金	100,000

資産：増加

貸し付けのため受け取っていた約束手形の期日が到来し、今日当座預金口座に101,000円入金がありました。元金100,000円と利息1,000円です

手形貸付金の返済と利息の受け取り

返済されると手形貸付金は減少します。また、受取利息も記帳しましょう。

借方		貸方	
当座預金	101,000	手形貸付金	100,000
		受取利息	1,000

資産：減少
収益：発生

従業員のおたまちゃんと私、借用証書を交わして会社から現金10,000円ずつお借りしました。1カ月後には現金で返済するので利息はひとり100円とします

従業員や役員にお金を貸した　従業員貸付金　役員貸付金

会社が従業員にお金を貸し付けたときは**従業員貸付金**（**資産**）という勘定科目を使います。また同様に**役員の場合は役員貸付金**（**資産**）を使います。

借方		貸方	
従業員貸付金	10,000	現金	20,000
役員貸付金	10,000		

資産：増加
資産：増加

返済時の仕訳は以下の通りです。

借方		貸方	
現金	20,200	従業員貸付金	10,000
		役員貸付金	10,000
		受取利息	200

資産：減少
資産：減少
収益：発生

勘定科目

- **貸付金**（資産）　他社や他人にお金を貸し付けることを指します。貸したお金は資産に属します。お金を貸し付けると貸付金は増加し、返済を受けると減少します。
  ※一般的にお金を貸し付けるときは借用証書を交わします。
- **手形貸付金**（資産）　借用証書の代わりに約束手形を受け取って貸し付けることを指します。
- **従業員貸付金／役員貸付金**（資産）　社内の貸付金を指す勘定科目です。
- **受取利息**（収益）　利息を受け取ることを指します。預金利息や貸付利息が該当します。

26 土地と建物（有形固定資産）を購入して運用したら？

土地　建物　受取家賃　受取地代　受取手数料　差入保証金

業務拡大の目的で隣の土地を1,800,000円で購入しました。登記料など購入にかかる費用は120,000円でした。普通預金口座から一括で支払いました

土地の購入　土地

土地は有形固定資産で、勘定科目は**土地（資産）**を使います。金額は取得原価を記帳しましょう。

借方		貸方	
土地	1,920,000	普通預金	1,920,000

資産：増加

購入した土地に在庫保管用の倉庫を900,000円で建てました。こちらの付随費用は60,000円でした。普通預金から一括で支払いました

建物の購入　建物

建物も有形固定資産で、勘定科目は**建物（資産）**を使います。

借方		貸方	
建物	960,000	普通預金	960,000

資産：増加

さっそく土地と建物の固定資産税15,000円を現金で支払いました

固定資産税の支払い　租税公課

土地と建物（倉庫や所有ビルなど）には固定資産税※という税金が課せられます。商売上必要な税金の支払いは租税公課（費用）という勘定科目を使いましたね。

借方		貸方	
租税公課	15,000	現金	15,000

※固定資産税は1月1日時点で土地や建物を所有している人にかかる税金で、本来なら翌年から支払うのですが、本書では練習のため取り扱いました。

土地の一部を5カ月間、他社に賃貸することにしました。賃貸料80,000円は現金でいただきました

floglife㈱も土地（駐車場）を借りているね。賃借料は支払地代という勘定科目で仕訳しているけど今回は受取地代を使うよ

土地を賃貸する　受取地代

所有している土地を他社や他人に賃貸したときの賃貸料の受け取りは**受取地代**という勘定科目を使います。収入になるので収益に属します。受取地代という収益の発生ですね。

借方		貸方	
現金	80,000	受取地代	80,000

収益：発生

倉庫の扉を壊してしまったので修理してもらいました。さらに耐震補強工事も施しました。修理費用20,000円、耐震補強工事費用120,000円を現金で支払いました

倉庫の修理と改修　修繕費　建物

　有形固定資産の機能を維持または原状回復するための支払いは**修繕費（費用）**という勘定科目を使います。今回は扉を修理することで原状回復になります。また耐震工事など有形固定資産の価値を高めるような支出は改良といい**建物（資産）**の増加として処理します。

借方		貸方	
修繕費	20,000	現金	140,000
建物	120,000		

倉庫の一部を取引先に賃貸します。賃貸料は年間120,000円とし、当座預金に入金済みです

floglife㈱が賃借している店舗の家賃は支払家賃だね。今度は当社が受け取るから…

建物を賃貸する　受取家賃

　所有している建物を他社や他人に賃貸したときの賃貸料の受け取りは**受取家賃（収益）**という勘定科目を使います。

借方		貸方	
当座預金	120,000	受取家賃	120,000

収益：発生

取引先から土地購入の相談を受け、不動産会社を紹介したら商談が成立し、手数料として30,000円の小切手をいただき、即当座預金に入金しました。うふふ

手数料を受け取ったら…

手数料の受け取り　受取手数料

本業以外のサービスなどを提供し、先方から手数料（報酬）を受け取ったときは**受取手数料（収益）**という勘定科目を使います。

借方		貸方	
当座預金	30,000	受取手数料	30,000

収益：発生

配達拠点として、6カ月間テナントビルの1室を借りることにしました。敷金20,000円、不動産会社への手数料7,200円を現金で支払いました

建物の賃借で敷金を支払う　差入保証金

建物や土地の賃借契約を結んだ際に敷金を支払いますね。敷金とは、建物の持ち主にあらかじめ預けるお金で、家賃の未払や、部屋を退去する時の原状回復のためのクリーニング代などに充てられます。敷金は**差入保証金（資産）**という勘定科目を使います。退去するまでは預けたお金なので資産に属します。敷金を支払うと差入保証金が増加します。

借方		貸方	
差入保証金	20,000	現金	27,200
支払手数料	7,200		

資産：増加
費用：発生

勘定科目

- **土地**（資産）/**建物**（資産）　有形固定資産です。
- **修繕費**（費用）　固定資産の原状回復のための支出を指します。なお資産価値を増加させる支出はその固定資産を指す勘定科目を増加させます。
- **受取家賃**（収益）　所有する建物を賃貸したときの家賃を指します。
- **受取地代**（収益）　所有する土地を賃貸したときの地代を指します。
- **受取手数料**（収益）　本業以外でサービスなどを提供した際に受け取る報酬を指します。
- **差入保証金**（資産）　土地や建物を賃借した際に支払う敷金を指します。
  敷金が余った場合は、借主に返金されるため、差入保証金は減少します。

例題で確認

例1　借りていた店舗の退去時に敷金 10,000 円のうち、3,000 円がクリーニング代として差し引かれ 7,000 円が現金で返還された。

借方		貸方	
現金	7,000	差入保証金	10,000
修繕費	3,000		

※借主が支払ったクリーニング代は、物件を借りる前の状態に戻すための費用なので修繕費を使います。

27 小口現金って？
小口現金

店舗で少額な支払いをする度に、おたまちゃんが毎回事務所に出向いてくるのは大変だわ。少額支払用に毎月20,000円を渡しておこうと思います

小口現金　定額資金前渡制度

　各部署で少額の支払いができるように、経理部が定額のお金を担当者（用度係など）に渡す仕組みを**小口現金**といいます。

　部署内では用度係からお金を受け取って、旅費交通費や消耗品費などの支払いに使い、証明となるレシートや領収証を用度係に渡します。経理部は用度係から1週間や1カ月など、一定期間後に報告を受け、使った分だけ補給します。これにより期間の初めは各部署に一定額がわたります。この仕組みを**定額資金前渡制度、またはインプレストシステム**といいます。

　さて、経理部が他の部署に対して少額のお金を渡したときは、**小口現金**という勘定科目を使います。現金の社内移動なので資産カテゴリーに属します。

　今回は小口現金が増加します。各部署で小口現金が使われ、報告を受けた時に使用分だけ減少します。

借方		貸方	
小口現金	20,000	現金	20,000

資産：増加　　　資産：減少

例題で確認

小口現金の流れを確認しましょう。

例1　6/2（金）次週月曜日から小口現金の仕組みを使って、総務部には週30,000円、営業部には週50,000円を預けることになり、経理部はさっそく現金で支払った。

日付	借方		貸方	
6/2	小口現金	80,000	現金	80,000

例2　6/7（水）総務部で、文房具代（消耗品費）3,000円とお茶菓子代（雑費）1,500円を小口現金から支払った。

日付	借方	貸方
	仕訳なし	

各部署で小口現金が使われても取引になりません。用度係が経理部に報告した時に帳簿処理が行われます。

例3　6/9（金）今週一週間の報告のため、総務部の小口現金係が、経理部に以下の報告をした。
　文具代4,500円、お茶菓子代1,500円、タクシー代8,000円

日付	借方		貸方	
6/9	消耗品費	4,500	小口現金	14,000
	雑費	1,500		
	旅費交通費	8,000		

例4　6/9/（金）総務部はさきほど報告した分、現金で補給を受けた。

日付	借方		貸方	
6/9	小口現金	14,000	現金	14,000

例5　③の総務部の報告と、④の補給が同時の取引だった場合。

日付	借方		貸方	
6/9	消耗品費	4,500	現金	14,000
	雑費	1,500		
	旅費交通費	8,000		

 この仕訳と③④の仕訳を見比べてください。

例6　6/9/(金)営業部から今週の小口現金の支払いはなかったと報告があったので、次週に持ち越した。

日付	借方	貸方
	仕訳なし	

勘定科目

・**小口現金**（資産）　各部署の少額の決済用に前渡するお金を指します。

チェック

・定額資金前渡制度（インプレストシステム）とは小口現金の支払い額を定期的に補給することで、小口現金を一定にすることを指します。

28 増資したら？

事業拡大のため、さらに信用力も高めるために資本を増やします！ 1株1万円の株式を100株発行して、本日私は1,000,000円をfroglife㈱の当座預金へ入金しました

いわゆる増資だね

会社設立後に増資する

会社設立後に、事業拡大などの理由で新株を発行し資本金を増やすことを増資といいます。処理は会社設立時と同様に原則全額を資本金にします。

借方		貸方	
当座預金	1,000,000	資本金	1,000,000

第2章　腕試し3

X6年10月〜12月末までの取引について、問題を解いてみましょう。
なお、問題・解答用紙は、サイト上に用意してありますのでダウンロードしてください。

29 電子記録債権・債務の使い方って？

電子記録債務 ｜ 電子記録債権

約束手形を電子化した電子記録債権というサービスがあるそうですね。メリットも多いとか

約束手形は専用用紙を使って振り出すので事務手続きが少々面倒なんだ。紛失・盗難の心配もあるね。これらを解消してくれるのが電子記録債権だよ

電子記録債権・債務とは

　電子記録債権・債務とは、取引銀行を通じて電子債権記録機関に発生記録を請求し、手形の記載内容を電子記録することで、約束手形を安全・簡単に電子化したものです。手形振り出しの面倒な手続きや郵送、印紙税などのコスト、紛失の危険などのデメリットが解消できます。

　債権者と債務者（支払い義務がある者）の双方が電子債権記録機関に発生記録を請求できます。

サニー㈱へ買掛金500,000円を支払うために、取引銀行であるさみだれ銀行を通じて、債務の発生記録を請求しました

つまり、約束手形を振り出す行為と同じ意味だね

債務者側の電子記録債務の取引　電子記録債務

　債務者が取引銀行を通じて発生記録を請求すると、電子記録債務が発生します（約束手形の振り出しと同様の行為）。仕訳時は**電子記録債務**という勘定科目を使います。負債に属し、発生記録を請求すると電子記録債務は増加します。

借方		貸方	
買掛金	500,000	電子記録債務	500,000

負債：増加

なお債権者側は取引銀行から発生記録の通知を受けます（受取手形の受け取りと同様）。

サニー㈱に対する電子記録債務500,000円が当座預金口座から決済されました

支払期日が到来すると自動的に決済されます。ここで電子記録債務を減少させる仕訳をおこします。

借方		貸方	
電子記録債務	500,000	当座預金	500,000

負債：減少

得意先カイコガ㈱に対する売掛金750,000円を回収するために、同社の承諾を得て電子記録債権の発生記録を請求したわ

つまり相手から約束手形を受け取る行為と同じ意味だね

債権者側の電子記録債権の取引　電子記録債権

　債権者が債務者の承諾を得たうえで発生記録を請求すると、電子記録債権が発生します（約束手形の受け取りと同様の行為）。

　仕訳時は**電子記録債権**という勘定科目を使用します。資産に属し、発生記録を請求すると電子記録債権は増加します。

借方		貸方	
電子記録債権	750,000	売掛金	750,000

資産：増加

　なお債務者は、取引銀行から債権者の発生記録の請求通知を受けます（支払手形の振り出しと同様）。

> カイコガ㈱に対する電子記録債権750,000円が当座預金口座に入金されました

　支払期日が到来すると自動的に入金されます。ここで電子記録債権を減少させる仕訳をおこします。

借方		貸方	
当座預金	750,000	電子記録債権	750,000

資産：減少

勘定科目

- **電子記録債権**（資産）／**電子記録債務**（負債）　約束手形を電子化（データ化）したもの。
- 電子記録債権の発生記録を請求すると、債務者は電子記録債務が増加し、債権者は電気記録債権が増加します。支払期日が到来すると自動的に決済されます。

チェック

債務者

電子記録債務が増加するタイミング		・債務者が発生記録の請求をした時 ・債権者が債務者の承諾を得てから発生記録の請求をし、取引銀行からその旨の通知を受けた時
電子記録債務が減少するタイミング		支払期日に預金口座から決済された時

債権者

電子記録債権が増加するタイミング		・債務者が発生記録の請求をし、取引銀行からその旨の通知を受けた時 ・債権者が債務者の承諾を得てから発生記録の請求をした時
電子記録債権が減少するタイミング		支払期日に預金口座に入金された時

30 預金口座に不明な入金があったら?

仮受金

当座預金口座を調べたところ、オモダカ㈱から50,000円の入金がありましたが理由が不明です

不明な入金は、一時的に預かったと捉えよう

内容不明な入金　仮受金

預金口座に入金があっても理由が不明な場合は、仕訳に困ります。

借方		貸方	
当座預金	50,000	？？？？？	50,000

内容不明なお金は、いったん預かるという意味をもつ**仮受金**という勘定科目を使います。預かったお金なので負債に属します。今回は仮受金の増加になります。

借方		貸方	
当座預金	50,000	仮受金	50,000

負債：増加

当座預金口座への内容不明な入金50,000円の理由がわかりました。売掛金の入金でした

入金理由が判明した

入金理由が判明したら、仮受金は正しい勘定科目に振替えて精算します。
入金の理由は売掛金の回収なので、売掛金を減少させます。

借方		貸方	
仮受金	50,000	売掛金	50,000

仕訳完成

勘定科目

・**仮受金**（負債）　不明な入金を指します。負債に属します。入金理由が判明したら正しい勘定科目に振替えて精算します。

31 売上代金として商品券を受け取ったら？
受取商品券

商品140,000円を売り上げ、現金110,000円と商品券30,000円を受け取りました

商品券の発行元へ持参すると換金してくれるよ

売上時に商品券を受け取った　受取商品券

売上時の代金として商品券※を受け取ったときは**受取商品券**という勘定科目を使います。商品券は金券という言い方もしますね。金銭価値があるので資産に属します。

※地域商品券等ある範囲の複数店舗で使用できる商品券を指します

借方		貸方	
現金	110,000	売上	140,000
受取商品券	30,000		

ちょうど商品券の精算日だったので、発行元に持参して現金30,000円と交換してもらいました

商品券を換金する

商品券を発行元が設定する精算日に持ち込めば、換金できます。
換金すると受取商品券は減少します。

借方		貸方	
現金	30,000	受取商品券	30,000

勘定科目

- **受取商品券**（資産）　共通に使用できる商品券を指します。
  商品券は発行元で換金できます。よって資産に属します。
- 商品券はギフトカード、自治体が発行する商品券などが該当します。

32 仕訳を間違えたら？

仕訳を間違えました！ 掛け売上150,000円なのに現金売上として記帳してしまいました

間違いは誰にでもある。訂正仕訳をおこすよ

訂正仕訳

　過去に記帳した仕訳が間違っていたら修正する必要があります。直接仕訳を修正すると総勘定元帳の修正も必要になり、帳簿が煩雑になるのでやってはいけません。仕訳を追加し総勘定元帳に転記後、残高（発生額）を修正する方法をとります。この仕訳を訂正仕訳といいます。

　次の①と②より出来上がった③が仕訳帳に記帳する訂正仕訳になります。

① 以前の間違った仕訳を確認する

借方		貸方	
現金	150,000	売上	150,000

② 逆仕訳を起こす（以前の間違った仕訳を取消すため）

売上	150,000	現金	150,000

③ 正しい仕訳をおこす

売掛金	150,000	売上	150,000

④ ②と③の仕訳に同名の勘定科目があったら相殺、合算する。

~~売上~~	~~150,000~~	現金	150,000
売掛金	150,000	~~売上~~	~~150,000~~

残ったものが訂正仕訳になるので仕訳帳に記帳します。

借方		貸方	
売掛金	150,000	現金	150,000

訂正仕訳を記帳したら、間違った仕訳と比較してみましょう。

以下のように、訂正仕訳によって現金が相殺されたことになり、正しい仕訳が残ったように見えますね。

借方		貸方	
現金	150,000	売上	150,000
売掛金	150,000	現金	150,000

間違った仕訳
これが訂正仕訳
現金が相殺されたことになる

総勘定元帳にも転記しましょう。

現金勘定の貸方（右）に150,000円が配置されるため、借方（左）の150,000円が打ち消され、新たに売掛金勘定の借方に150,000円が配置されました。これで残高が修正されるので万事OKです。

▼訂正仕訳を転記後の様子

```
         現金                              売掛金
増加              減少         増加                減少
x/x ··· XXX,XXX │ x/x ··· XX,XXX   x/x ··· XXX,XXX │ x/x ··· XX,XXX
x/x ··· XXX,XXX │ 売掛金  150,000   x/x ··· XX,XXX │ x/x ··· XX,XXX
x/x ··· XX,XXX                     現金    150,000
売上    150,000
```

間違った仕訳　　訂正仕訳を転記　　　　　訂正仕訳を転記

貸借に150,000が配置されたため相殺される　　　売掛金が増加する

```
              売上           発生
                    x/x ··· XX,XXX
                    x/x ··· XX,XXX
                     :    :     :
                    現金    150,000
```

チェック

間違った仕訳を記帳してしまったら訂正仕訳を追加して解決します。逆仕訳をしたのちに正しい仕訳をして相殺、合算します。

例題で確認

例 商品10,000円を掛けで仕入れたのに、仕訳帳には逆に配置してしまった。

借方		貸方	
買掛金	10,000	仕入	10,000

↑ 間違った仕訳

● 訂正仕訳の手順

①	メモ帳に間違った仕訳の逆仕訳を記入	仕入　10,000　　買掛金　10,000
②	正しい仕訳を記入	仕入　10,000　　買掛金　10,000 仕入　10,000　　買掛金　10,000
③	①と②を相殺、合算	~~仕入　10,000~~　　~~買掛金　10,000~~ 仕入　20,000　　買掛金　20,000
④	③の結果を仕訳帳に記入	借方　　　　　　　貸方 仕入　20,000　買掛　20,000

上記④を総勘定元帳に転記すれば残高が正しい数字に修正されます。

第2章　腕試し4

X7年1月～3月末までの取引について、問題を解いてみましょう。

なお、問題・解答用紙は、サイト上に用意してありますのでダウンロードしてください。

33 決算

当期もいよいよ決算を迎えました。振り返ってみると前期と比べてたくさんの勘定科目を扱いました

そうだね。決算の流れは同じだけど、新しい決算整理事項がたくさん登場するよ。ひとつひとつ理解していこう

Step1　決算整理事項のまとめ

　決算の流れは前期と同様です。第1章23節を見て、決算手続きの流れを押さえておきましょう。

　決算整理事項を確認します。決算書用に勘定科目の振替が必要なもの、また金額の修正が必要なものを挙げます。

　なお、決算整理前残高試算表（決算直前の残高試算表）は既に完成しています。

▼決算整理前残高試算表

残高試算表
X7年3月31日

	借方残高	勘定科目	貸方残高
	1,534,690	現　　　　　金	
雑損 or 雑益に振替える	6,000	現 金 過 不 足	
	20,000	小 口 現 金	
	3,799,050	普 通 預 金	
当座借越勘定に振替える		当 座 預 金	163,600
	500,000	定 期 預 金	
貸倒引当金を設定する	1,200,000	受 取 手 形	
貸倒引当金を設定する	1,120,000	売 掛 金	
売上原価の算定	330,000	繰 越 商 品	
	15,900	仮 払 金	
	200,000	貸 付 金	
	20,000	差 入 保 証 金	
減価償却	300,000	備 品	
減価償却	450,000	車 両 運 搬 具	
減価償却	1,080,000	建 物	
	1,920,000	土 地	
		支 払 手 形	1,000,000
		電 子 記 録 債 務	1,000,000
		買 掛 金	30,000
		未 払 金	6,500
		借 入 金	1,200,000
		資 本 金	6,000,000
		繰越利益剰余金	473,740
		利 益 準 備 金	1,000
		売 上	33,290,000
次期分を繰り越す		受 取 家 賃	120,000
次期分を繰り越す		受 取 地 代	80,000
		受 取 手 数 料	30,000
		固定資産売却益	4,200
		受 取 利 息	3,450
売上原価　算定	25,030,000	仕 入	
	2,400,000	役 員 報 酬	
	1,410,000	給 料	
	210,200	法 定 福 利 費	
次期分を繰り越す	660,000	支 払 家 賃	
次期分を繰り越す	180,000	支 払 地 代	
次期分を繰り越す	144,000	支 払 保 険 料	
	122,000	支 払 利 息	

2

	85,150	支　払　手　数　料	
	175,200	水　道　光　熱　費	
切手の未使用分を繰り越す	176,800	通　　信　　費	
	67,000	発　　送　　費	
	50,000	貸　倒　損　失	
	50,000	広　告　宣　伝　費	
	43,600	旅　費　交　通　費	
収入印紙の未使用分を繰り越す	25,800	租　税　公　課	
	24,500	消　耗　品　費	
	20,000	修　　繕　　費	
次期分を繰り越す	18,000	諸　　会　　費	
	9,600	減　価　償　却　費	
	5,000	雑　　　　費	
	43,402,490		43,402,490

その他
・後払いのテナント家賃は当期分を計上する
・貸付け利息の当期分を計上する

図の記載の通り floglife㈱ に必要な決算整理事項は以下の通りです。

決算整理事項

貯蔵品への振替 （未使用の収入印紙や郵便切手がある場合）	固定資産の減価償却 （固定資産を所有している場合）
現金過不足の精算	費用の前払い （当期に次期分の費用を支払っている場合）
当座借越の処理 （当座預金残高が貸方（右）残高の場合）	収益の前受け （当期に次期分の収益を受け取っている場合）
貸倒引当金の設定 （未回収の商品代金がある場合）	費用の未払い （当期の費用が未払の場合）
売上原価の算定 （売れ残り商品がある場合）	収益の未収 （当期の収益が未収の場合）

Step2 決算整理仕訳

収入印紙の未使用が1,000円、郵便切手の未使用が800円あります。貯蔵品勘定へ振替えて次期に繰り越します

● 貯蔵品への振替え

前期決算でも未使用の収入印紙を貯蔵品へ振替えました。当期は収入印紙のほかに郵便切手も振替えます。収入印紙は租税公課、郵便切手は通信費で記帳しています。振替仕訳をおこし、Tフォームへ転記しましょう。

X7年		借方		貸方	
3	31	貯蔵品	1,800	租税公課	1,000
				通信費	800

▼転記後の様子

租税公課

借方合計 25,800
発生総額 24,800

発生					
4/1	貯蔵品	3,800	3/31	貯蔵品	1,000
8/11	現金	4,000			
12/5	現金	15,000			
2/16	現金	3,000			

通信費

借方合計 176,800
発生総額 176,000

発生					
4/12	現金	1,200	3/31	貯蔵品	800
:	:	:			
2/28	普通預金	12,000			
3/26	普通預金	13,500			

貯蔵品

増加			減少
3/31	諸口	1,800	

チェック

・次期に繰り越した貯蔵品勘定は、忘れないように次期期首に再振替仕訳しましょう

例題で確認

例 期首（4/1）の総勘定元帳には、貯蔵品勘定（借方）1,800円があり、前期から繰り越した未使用の収入印紙1,000円、郵便切手800円が計上されている。これを再振替仕訳し、転記する。

XX		借方		貸方	
4	1	租税公課	1,000	貯蔵品	1,800
		通信費	800		

▼再振替仕訳により、次期の費用になる

発生　　　　通信費
4/1　貯蔵品　　800

発生　　　　租税公課
4/1　貯蔵品　　1,000

増加　　　　貯蔵品　　　　　　減少
残高0　4/1　前期繰越　1,800 ｜ 4/1　諸口　1,800

精算された

↑再振替仕訳により、次期の費用になります。

結局、現金過不足の原因はわからなかったわ

現金過不足という勘定科目は決算書には載せられない。雑益という収益か雑損という費用に振替えるよ

● 現金過不足の精算　雑損　雑益

現金過不足は帳簿の現金残高と実際の現金残高が不一致の場合に、原因が判明するまで使用する勘定科目であるため、5大カテゴリーに属していません。よって、決算になっても原因不明の場合は、雑益（収益）または雑損（費用）という勘定科目に振替えます。

決算整理前残高試算表には現金過不足が借方（左）に6,000円あります。

▼決算整理前残高試算表の現金過不足

残高試算表
X7年3月31日

借方残高	勘定科目	貸方残高
1,534,690	現　　　　金	
6,000	現　金　過　不　足	

当時の仕訳とTフォームは以下の通りです。

▼現金過不足発生時の仕訳とTフォーム

2/20　金庫を実査したところ現金勘定残高より6,000円少なく、原因は判明しなかった

X7年		借方		貸方	
2	20	現金過不足	6,000	現金	6,000

現金過不足

借方合計 36,000　6/25　売上　30,000 ｜ 6/19　現金　30,000　貸方合計 30,000
残高 6,000　　　2/20　現金　6,000 ｜

では振替仕訳をしましょう。

現金過不足の借方（左）から6,000円を引き出すために貸方（右）に記帳します。

X7年		借方		貸方	
3	31			現金過不足	6,000

ここで**借方(左)が空いていれば雑損(費用)**を記帳します。ちなみに**貸方(右)が空いていれば雑益(収益)**を記帳します。今回は借方(左)が空いているので雑損を使います。

現金過不足の精算仕訳が完成しました。Tフォームに転記します。

X7年	借方	貸方
3 31	雑損 6,000	現金過不足 6,000

▼現金過不足が雑損に振替えられた

雑損(費用)は本業以外で発生した損失で、他の勘定科目に当てはまらないものを表しています。決算時の現金過不足の振替先や、会計期間中の盗難による損失、罰金の支払いなどに使用します。

雑益(収益)は本業以外で発生した収入で、他の勘定科目に当てはまらないものを表しています。決算時の現金過不足の振替先や、会計期間中に保険金やご祝儀を受け取った時などに使用します。

チェック

・現金過不足はどのカテゴリーにも属さない一時的な勘定科目です。決算においても現金過不足の原因が判明しない場合、雑損（費用）または雑益（収益）に振替えます。

▼**現金過不足精算の仕訳**

借方残高のとき

現金過不足
X/X 現金 300	

引き出す

X8年	借方		貸方	
3	31	**雑損** 300	現金過不足	300

費用の発生は借方

貸方残高のとき

現金過不足
	X/X 現金 300

引き出す

X8年	借方		貸方	
3	31	現金過不足 300	**雑益**	**300**

収益の発生は貸方

当座預金口座の残高がマイナスです。この場合はどうすればいいの？

当座借越の状態をきちんと示すんだよ

● 当座借越への振替　当座借越

　預金勘定は資産に属すので、通常は借方(左)残高になるのですが、当座預金口座は当座借越契約を結ぶことにより(残高を超えて引き出せる)、貸方(右)残高になることがあります。floglife㈱の決算時の当座預金口座は貸方(右)残高の状態です。

▼当座預金口座は貸方(右)残高

残高試算表
X7年3月31日

借方残高	勘定科目	貸方残高
⋮	⋮	⋮
	当　座　預　金	163,600
500,000	定　期　預　金	
⋮	⋮	⋮

　当座借越の状態では、当座預金として貸借対照表に記入できません。よって**当座借越**という負債に属す勘定科目に振替えます。

では振替仕訳をしましょう。

当座預金の貸方(右)から163,600円を引き出すために借方に記入します。

X7年	借方		貸方	
3	31	当座預金　　163,600		

　相手勘定の当座借越(負債)を増加させます。貸方(右)が空いていますね。完成したら当座借越勘定を作成し、Tフォームへ転記します。

X7年	借方		貸方	
3	31	当座預金　　163,600	当座借越　　163,600	

仕訳完成

▼当座借越へ振替えた様子

		増加		当座預金		減少		
借方合計 4,360,000	1/1	前月繰越	3,096,400	1/4	仕入	1,000,000	貸方合計 4,360,000
残高 0	1/11	仮受金	50,000	1/20	諸口	320,000	
清算された	2/10	電子記録債権	750,000	2/3	前払金	300,000	
	2/18	売上	300,000	2/15	電子記録債務	500,000	
	3/31	当座借越	163,600	9/20	諸口	320,000	
				3/10	普通預金	600,000	
				3/15	普通預金	1,000,000	
				3/20	諸口	320,000	

減少	当座借越			増加
	3/31	当座預金	163,600	残高 163,600

振替えられた

勘定科目

・**当座借越**（負債）　決算時に、当座預金が貸方（右）残高になっていたらこの勘定科目に振替えます。

チェック

・決算時に当座預金が貸方残高（当座借越し状態）のときは、当座預金を当座借越に振替えます。

XX年	借方		貸方	
X X	当座預金	X,XXX	当座借越	X,XXX

・次期に繰り越した当座借越勘定は、忘れずに次期期首に再振替仕訳をおこし、再び当座預金勘定として期中使用します。

例題で確認

例 期首（4/1）の総勘定元帳にある当座借越勘定（貸方）163,600円を当座預金勘定に振り戻し（再振替仕訳する）、Tフォームに転記する。

XX	借方		貸方	
4	1	当座借越	163,600	当座預金	163,600

▼再振替仕訳の様子

```
                  当座預金
                          | 4/1  当座借越  163,600
```

```
減少                  当座借越                      増加
4/1 当座預金  163,600 | 4/1  前期繰越  163,600   残高 0
                                              精算された
```

以前、得意先が倒産して売掛金が回収できなくなったよね

貸倒損失という費用を発生させて当社が負担しました。突然だったので焦りました

決算時点で未回収の売上債権（受取手形や売掛金）は、繰越して次期に回収することになるよね。ただしその中のいくらかは、またまた倒産で回収できなくなった！　なんて可能性もある

当期の売上債権が次期で貸倒れになると、次期の費用（貸倒損失）が増えてしまいます

そのとおり！　ということは次期の利益がその分減ることになるからよろしくない。ここはひとつ当期の売上債権が次期に負担をかけないよう、あらかじめ回収不能になりそうな金額を見積って次期に繰り越す。これを支払いと捉え当期の費用として計上する

次期に貸倒れが起こってしまったらそれを使えばいいと。あらかじめ準備しておけば安心です。結局当社の負担になりますが、できるだけ次期の利益に影響を与えないようにすることが大事なんですね

●貸倒引当金の設定　貸倒引当金　貸倒引当金繰入

　売上債権は売買取引には欠かせない信用取引ですが、貸倒れなどのリスクを持っています。そこで決算時に、将来回収不能になる金額を予測して、あらかじめ当社負担分を貯える処理をします。この貯えは**貸倒引当金**という勘定科目を使います。また負担の貯えということから資産のマイナス（負債と同じ）という性質を持っています。増えてうれしいものではなく、気が重いものです。貯えると貸倒引当金は増加（貸方）し、使うと減少（借方）します。

▼貸倒引当金勘定

減少	貸倒引当金	増加

　そして貸倒引当金への支払いには**貸倒引当金繰入**という勘定科目を使います。事業を守るのに必要な支払いなので費用に属します。
　では、貸倒引当金の設定額を算出します。決算整理前残高試算表よりfloglife㈱の売上債権は受取手形と売掛金の2つです。

▼決算整理前残高試算表の受取手形と売掛金

残高試算表

X7年3月31日

借方残高	勘定科目	貸方残高
:	:	:
1,200,000	受 取 手 形	
1,120,000	売 掛 金	
:	:	:

売上債権の2%※を貸倒引当金として見積もるよ

※貸倒引当金を設定する際は、売上債権に対して繰入率を使います。本書では架空の繰入率を使用しています。

貸倒引当金の見積額は次のようになります。

(1,200,000 + 1,120,000) × 2% = 46,400

仕訳は以下の通りです。

X7年	借方		貸方	
3 / 31	貸倒引当金繰入	46,400	貸倒引当金	46,400

費用:発生

資産のマイナス:増加
(負債:増加とも捉えられる)

2つのTフォームを作成し、転記します。

▼転記後の様子

発生	貸倒引当金繰入		
3/31 貸倒引当金	46,400		

減少	貸倒引当金		増加
		3/31 貸倒引当金繰入	46,400

勘定科目

- **貸倒引当金**（資産のマイナス）　期末の売上債権より、将来の貸し倒れに備えた損失の見積額を指します。決算時に見積り額を貯えると貸方に増加し、次期において貸し倒れ発生時に充当すると減少します。
- **貸倒引当金繰入**（費用）　決算時に設定する貸倒引当金への支払いを指します。

チェック

・貸倒れが発生した場合の処理を確認しましょう。期中に貸倒れが発生した時の処理は、売上債権の発生時期によって変わります。

売上債権の発生が	前期の場合、**貸倒引当金**を充当する処理 （足りない場合は貸倒損失を発生させる）
	当期の場合、**貸倒損失**を発生させる処理

例題で確認

例　A㈱が倒産した。当期5/1の掛け売上30,000円が記帳されているため貸倒れ処理を行う。なお、貸倒引当金残高は30,000円である。

借方		貸方	
貸倒損失	30,000	売掛金	30,000

当期に発生した売上債権の貸し倒れは貸倒損失で処理する。

例　B㈱が倒産した。前期3/1の掛け売上20,000円が記帳されているため貸倒れ処理を行う。なお、貸倒引当金残高は30,000円である。

借方		貸方	
貸倒引当金	20,000	売掛金	20,000

前期に発生した売上債権は、貸倒引当金を充当する。

例 C㈱が倒産した。前期2/1の掛け売上40,000円が記帳されているため貸倒れ処理を行う。なお、貸倒引当金残高は10,000円である。

借方		貸方	
貸倒引当金	10,000	売掛金	40,000
貸倒損失	30,000		

前期に発生した売上債権は、貸倒引当金を充当するが、足りない場合は貸倒損失で処理する。

例 前期に貸倒れ処理した売掛金15,000円を現金で回収した。

借方		貸方	
現金	15,000	償却債権取立益	15,000

15節を参照。

売上原価を算定しよう。当期に扱った商品から、売れ残りを引けばいい

棚卸しを行ったところ、仕入原価で1,230,000円の売れ残りがありました

●**売上原価の算定**

　前期の決算整理仕訳でも売上原価を算定しました。忘れてしまったらもう一度読んで復習してくださいね。

　さて、当期に売れ残った商品の合計金額を**期末商品棚卸高**といいます。仕入原価で集計します。floglife㈱の期末商品棚卸高は1230,000円でした。これらは次期に入ってから販売するので、当期の仕入勘定から引き出して、繰越商品（資産）に振替えます。

　しかし2期目以降は、前期からの繰越商品（期首繰越商品という）があります。

▼繰越商品の確認

残高試算表
X7年3月31日

借方残高	勘定科目	貸方残高
:	:	:
330,000	繰越商品	
:	:	:
25,030,000	仕　入	

繰越商品

4/1　前期繰越　330,000

※この勘定は4/1(期首)の帳簿価額のまま決算まで変わりません。よって、期首繰越商品ともいいます。

そこで、以下の2ステップで仕訳をおこします。

ステップ1　期首繰越商品を仕入勘定に振替える

X7年	借方		貸方	
3	31	仕入	330,000	繰越商品	330,000

期首繰越商品を引き出す

▼振替後のTフォーム

①期首繰越商品を引き出す

ステップ2 仕入勘定から期末商品棚卸高を引き出して繰越商品に振替える

X7年	借方		貸方	
3	31	繰越商品 1,230,000	仕入	1,230,000

▼振替後のTフォーム

売上原価の算定はこの2つのステップをまとめた仕訳となります。**なお繰越商品の意味が違うため、相殺はしません。**

X7年	借方		貸方	
3	31	仕入 330,000	繰越商品	330,000
		繰越商品 1,230,000	仕入	1,230,000

仕訳完成

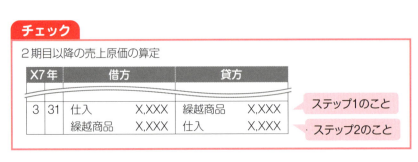

減価償却の対象となる固定資産は、備品、車両、倉庫ですね

●固定資産の減価償却

前期決算でも減価償却処理を行いました。減価償却費の計算方法は定額法、仕訳は間接法で行います。

▼定額法による減価償却費の計算方法

・1年間の減価償却費 ＝ (取得原価 － 残存価額) ÷ 耐用年数
・月割りの減価償却費 ＝ 1年間の減価償却費 × 使用月数/12

▼間接法による仕訳

借方		貸方	
減価償却費	X,XXX	○○減価償却累計額※	X,XXX

※○○には固定資産の勘定科目が入ります。

当期9/9に取得原価300,000円の備品を購入したね。耐用年数は8年、残存価額は0だよ。9/9～翌3/31まで、7カ月※使用したね

※減価償却における月割りは、1カ月に満たない使用でも1カ月とします。

では備品から減価償却しましょう。定額法による減価償却費を月割り計算します。

(300,000円 － 0円) ÷ 8年 ＝ 37,500円
　　　37,500円 × 7/12 ＝ 21,875円

X7年		借方		貸方	
3	31	減価償却費	21,875	備品減価償却累計額	21,875

車両は当期6/1に取得原価450,000円で購入したね。耐用年数は3年、残存価額は取得原価の10%だよ。10カ月間使用したね

定額法による減価償却費を月割り計算します。

(450,000円 － 450,000 × 10%) ÷ 3年 ＝ 135,000円
　　　135,000円 × 10/12 ＝ 112,500円

車両の価値の減少分は、車両減価償却累計額という勘定科目を使用します。

X7年		借方		貸方	
3	31	減価償却費	112,500	車両減価償却累計額	112,500

倉庫は当期12/1に取得原価960,000円で購入したが、耐震工事により資産価値が120,000円アップしたから1,080,000円、耐用年数は15年、残存価額は0円だよ。4カ月使用したね

減価償却費は以下の通りです。

(1,080,000円 － 0円) ÷ 15年 ＝ 72,000円
　　　72,000円 × 4/12 ＝ 24,000円

建物の価値の減少分は、建物減価償却累計額という勘定科目を使用します。

X7年		借方		貸方	
3	31	減価償却費	24,000	建物減価償却累計額	24,000

以上の仕訳をまとめて完成です。Tフォームへも転記しましょう。

X7年		借方		貸方	
3	31	減価償却費	158,375	備品減価償却累計額	21,875
				車両減価償却累計額	112,500
				建物減価償却累計額	24,000

仕訳完成

▼減価償却費関連のTフォーム

	発生	減価償却費		
		9/30 諸口	9,600	
発生総額 167,975		3/31 諸口	158,375	

	減少	備品減価償却累計額		増加	
借方合計 3,200	9/30 諸口	3,200	4/1 前期繰越	3,200	貸方合計 25,075
			3/31 減価償却費	21,875	残高 21,875

	減少	車両減価償却累計額		増加
			3/31 減価償却費	112,500
				残高 112,500

	減少	建物減価償却累計額		増加
			3/31 減価償却費	24,000
				残高 24,000

そういえば社用車を購入した6/1に任意保険にも加入して1年分の保険料を支払いました

次期分の費用まで当期に支払っていることに気づいたかい？

やはり、次期分を引きだして繰越すのですね

● **費用の前払い**

当期に支払った費用に含まれる次期分は以下の通りです。

費用と勘定科目	支払い期間	支払金額	次期の期間と金額
車の任意保険 (支払保険料)	6/1 〜翌5/31	144,000円/年 (12,000円/月)	4/1 〜 5/31 (2カ月) 24,000円
店舗家賃 (支払家賃)	10/27 〜翌9/27	480,000円 (当期分 180,000円 ※次期分 300,000円)	4/1 〜 9/27 (6カ月) 300,000円
店舗用駐車場 (支払地代)	10/27 〜翌9/27	120,000円/年 (10,000円/月)	4/1 〜 9/27 (6カ月) 60,000円
商工団体会費 (諸会費)	10/27 〜翌9/27	12,000円/年	4/1 〜 9/27 (6カ月) 6,000円

※店舗家賃は次期より50,000円/月になります。

上記の費用から次期分を引き出して繰り越しますが、繰り越すには新しく資産勘定を作成します。勘定名は、次期分を先に支払ってあることから「**前払○○**※」とし、○○には何を前払いしたかがわかるように費用の勘定名をあてはめます。例えば支払保険料の前払いは、「前払保険料」、支払地代の前払いは、「前払地代」という感じです。

※前払いとは、将来の支払い額を事前に払うこと。確定するまでは先方に預けたお金なので資産に属します。

では、支払保険料から処理しましょう。

支払保険料から次期分を引き出し(貸方)、前払保険料(資産)の増加側(借方)に振替えます。

X7年		借方		貸方	
3	31	前払保険料	24,000	支払保険料	24,000

仕訳完成

▼転記後の様子

```
            発生            支払保険料
            6/1  普通預金  144,000  │ 3/31  前払保険料  24,000
発生総額 120,000
当期の保険料に修正された                    次期分を引き出す
```

```
      増加          前払保険料           減少
3/31  支払保険料  24,000
```

同様に支払家賃、支払地代、諸会費も振替えましょう。

X7年	借方		貸方	
3	31	前払家賃　　　　300,000	支払家賃　　　　300,000

仕訳完成

▼支払家賃、前払家賃のTフォーム

```
                  発生              支払家賃
借方合計 660,000   4/26  普通預金  30,000  │ 3/31  前払家賃  300,000
発生総額 360,000   5/27  普通預金  30,000
                  6/27  普通預金  30,000
当期の家賃に      7/27  普通預金  30,000            次期分を引き出す
修正された        8/27  普通預金  30,000
                  9/30  普通預金  30,000
                 10/27  普通預金 480,000
```

```
      増加          前払家賃            減少
3/31  支払家賃  300,000
```

X7年	借方		貸方	
3	31	前払地代　　　　60,000	支払地代　　　　60,000

仕訳完成

▼支払地代、前払地代のTフォーム

		発生		支払地代			
借方合計 180,000	4/27	現金	10,000	3/31	前払地代	60,000
発生総額 120,000	5/27	現金	10,000			
	6/27	現金	10,000	次期分を引き出す
	7/27	現金	10,000	
当期の地代に修正された	8/27	現金	10,000	
	9/27	現金	10,000	
	10/27	現金	120,000	

増加		前払地代		減少
3/31	支払地代	6,000		

X7年	借方		貸方	
3 31	前払諸会費	6,000	諸会費	6,000

仕訳完成

▼諸会費、前払諸会費のTフォーム

		発生		諸会費			
借方合計 18,000	4/27	現金	1,000	3/31	前払諸会費	6,000
発生総額 12,000	5/27	現金	1,000			
	6/27	現金	1,000	次期分を引き出す
	7/27	現金	1,000	
当期の諸会費に修正された	8/27	現金	1,000	
	9/27	現金	1,000	
	10/27	現金	12,000	

増加		前払諸会費		減少
3/31	諸会費	6,000		

チェック

・当期に支払った費用に次期分が含まれていた場合、決算時に、次期分を引き出して繰り越す仕訳をおこします。

繰越す際の勘定科目は、資産勘定を作成します。

「前払」＋ 費用名 →　前払家賃、前払保険料など

仕訳の形

XX年		借方		貸方	
X	X	前払〇〇	X,XXX	費用に属す勘定科目	X,XXX

・次期に繰り越した前払〇〇勘定は、忘れずに次期期首に再振替仕訳しましょう。

例題で確認

例　期首（4/1）の総勘定元帳には、前払保険料勘定（借方）24,000円があり、これは当期分を前期に事前に支払った保険料であるため再振替仕をおこし当期費用として計上する。また転記も行う。

XX		借方		貸方	
4	1	支払保険料	24,000	前払保険料	24,000

▼前払保険料が精算され支払保険料が発生した

　　　　　発生　　　　　　　支払保険料
　　　　　4/1　前払保険料　　24,000

　　　　　増加　　　　　　　前払保険料　　　　　　　減少
残高0　　4/1　前期繰越　　24,000　4/1　支払保険料　24,000

精算された

倉庫の一部を賃貸しましたね。確か1年分の家賃を受け取りました

次期分の収益まで当期に受けとっていることに気づいたかい？

費用の先払いが「前払い」なら収益は「前受け」？

●収益の前受け

当期に受け取った収益に含まれる次期分は以下の通りです。

収益と勘定科目	期間	受取り金額	次期の期間と金額
倉庫の賃貸 （受取家賃）	12/1～翌11/30	120,000円/年 （10,000円/月）	4/1～11/30（8カ月） 80,000円
土地の賃貸 （受取地代）	12/1～翌4/30	80,000円/5カ月 （16,000円/月）	4/1～4/30（1カ月） 16,000円

上記の収益から次期分を引き出して繰り越しますが、繰り越すには新しく負債勘定を作成します。勘定名は、次期分を先に受け取ってあることから「**前受○○**※」とし、○○には何を前受けしたかがわかるように収益の勘定名を当てはめます。例えば受取家賃の前受けは、「前受家賃」、受取地代の前受けは、「前受地代」という感じです。

※前受とは、将来の受取額を先にもらうこと。確定するまでは預かっているお金なので負債に属します。

では、受取家賃から処理しましょう。

受取家賃から次期分を引き出し（借方）、前受家賃（負債）の増加側（貸方）に振替えます。

X7年		借方		貸方	
3	31	受取家賃	80,000	前受家賃	80,000

仕訳完成

▼受取家賃と前受家賃のＴフォーム

```
            受取家賃              発生
3/31 前受家賃  80,000 | 12/1 当座預金 120,000
                                        発生総額 40,000
```

次期分を引き出す　　　　　　　当期の家賃に修正された

```
減少         前受家賃         増加
            | 3/31 受取家賃  80,000
```

受取地代も同様に処理します。

X7年	借方		貸方	
3	31	受取地代 16,000	前受地代	16,000

仕訳完成

▼受取地代と前受地代のＴフォーム

```
            受取地代              発生
3/31 前受地代  16,000 | 12/1 現金    80,000
                                        発生総額 64,000
```

次期分を引き出す　　　　　　　当期の地代に修正された

```
減少         前受地代         増加
            | 3/31 受取地代  16,000
```

チェック

・当期に受け取った収益に次期分が含まれていた場合、決算時に、次期分を引き出して繰り越す仕訳をおこします。繰越す際の勘定科目は、負債勘定を作成します。

「前受」＋ 収益名 → 前受家賃、前受手数料など

仕訳の形は以下の通りです。

XX年	借方		貸方	
X X	収益に属す勘定科目	X,XXX	前受○○	X,XXX

・次期に繰り越した前受○○勘定は、忘れずに次期期首に再振替仕訳しましょう。

例題で確認

例 期首（4/1）の総勘定元帳には、前受家賃勘定（貸方）80,000円があり、これは当期分を前期に事前に受け取ったものであるため再振替仕訳をおこし当期受取家賃として計上する。また転記も行う。

XX	借方		貸方	
4 1	前受家賃	80,000	受取家賃	80,000

▼前受家賃が清算されて当期の受取家賃が発生した

　　　　　　　　　　　受取家賃　　　　　　　　　発生
　　　　　　　　　　　　　　　4/1　前受家賃　　80,000

減少　　　　　　　　　前受家賃　　　　　　　　　増加
4/1　受取家賃　80,000 ｜ 4/1　前期繰越　80,000　残高 0

精算された

1/1〜6/30までの6カ月契約でテナントを借りました。家賃は退去時に6カ月分支払います

あとで支払うことになっていても、当期に消費した費用は計上しなければならないことに気づいたかい？

● 費用の未払い

まだ支払っていない当期の費用は以下のとおりです。

費用と勘定科目	支払い期間	金額	当期の消費期間と未払金額
テナントの賃借 （支払家賃）	1/1〜6/30	120,000円/6カ月 （20,000円/月）	1/1〜3/31（3カ月） 60,000円

未払いであっても当期の消費期間分は当期の費用として計上すべきです。よって決算時に費用を発生させる仕訳をおこします。次期に入ってから支払うので新しい負債勘定を作成します。勘定名は、「**未払○○**※」とし、○○には費用の勘定名を当てはめます。

例えば支払家賃の未払いは、「未払家賃」、保険料の未払いは「未払保険料」という感じです。

※未払とは、あとで支払うことを指し、支払うまでは借りていることになるので、負債に属します。

では、テナントの1/1〜3/31までの支払家賃を発生させましょう。

支払家賃を借方、後払いを示す未払家賃（負債）を増加側（貸方）に記入します。

X7年	借方		貸方	
3 31	支払家賃	60,000	未払家賃	60,000

▼支払家賃と未払家賃のTフォーム

発生 　　　　　　　　　　　　　支払家賃

4/26	普通預金	30,000	3/31	前払家賃	300,000
5/27	普通預金	30,000			
6/27	普通預金	30,000			
7/27	普通預金	30,000			
8/27	普通預金	30,000			
9/30	普通預金	30,000			
10/27	普通預金	480,000			
3/31	未払家賃	60,000			

　　　　↑ 当期の費用として発生した

減少 　　　　　　　　　　　　　未払家賃　　　　　　　　　　　　　**増加**

		3/31　支払家賃	60,000

チェック

・当期の費用を支払っていなかったら、決算時に費用を発生させて、支払いを後払いにするという仕訳をおこします。支払いを次期に繰り越すため負債勘定を作ります。

「未払」＋費用名 → 未払家賃、未払手数料など

仕訳の形

XX年	借方		貸方	
X　X	費用に属す勘定科目	X,XXX	未払○○	X,XXX

・次期に繰り越した未払○○勘定は、忘れずに次期期首に再振替仕訳しましょう

例題で確認

例　期首（4/1）の総勘定元帳には、未払家賃勘定（貸方）60,000円（前期1/1〜3/31分）があり、再振替仕訳をおこす。また転記も行う。

XX	借方		貸方	
4　1	未払家賃	60,000	支払家賃	60,000

▼未払家賃が精算され支払家賃の前期分が消し込まれる

発生　　　　　　　　支払家賃
　　　　　　　　　　　　　4/1　未払家賃　　　60,000

　　　　　　　　　　　　あらかじめ
　　　　　　　　　　前期1/1〜3/31分を消込む

減少　　　　　　　　未払家賃　　　　　　　　　　　増加
4/1　支払家賃　　　60,000 | 4/1　前期繰越　　60,000　　　残高 0

　　　　　　　　　　　　　　　　　　　　　精算された

例 6/30　借りていたテナントの家賃120,000円を現金で支払った。（前期1/1〜当期6/30分。決算日は3/31）　転記も行う。

XX		借方		貸方
4	1	支払家賃　120,000	現金	120,000

▼当期の支払家賃は60,000円となる

　　　　　　　　　　発生　　　　　支払家賃
発生総額 60,000　　6/30　現金　　120,000 | 4/1　未払家賃　60,000

当期4/1〜6/30　　前期1/1〜当期6/30　　前期1/1〜3/31分を
までの家賃　　　　までの家賃　　　　　　消込み

12/1に200,000円を得意先に貸しつけました。期間は9カ月で、利息6%(年)とともに次期8月末に返済される予定です。

9カ月分の利息を返済時に受け取ることになっていても、当期12/1〜3/31分の利息は、当期の収益として計上するんだよ

● 収益の未収

まだ受け取っていない当期の収益は以下のとおりです。

収益と勘定科目	期間	利息	当期の期間と未収金額
貸付け利息 (受取利息)	12/1 〜翌8/31	12,000円/年 9,000/9カ月	12/1 〜 3/31 (4カ月) 4,000円

まだ受け取っていなくても当期の収益は計上すべきです。よって決算時に収益を発生させる仕訳をおこします。次期に入ってから当期分を受け取るので、新しい資産勘定を作成します。勘定名は、「**未収〇〇**※」とし、〇〇には収益の勘定名を当てはめます。

例えば受取家賃の未収は、「未収家賃」、受取手数料の未収は「未収手数料」という感じです。

※未収とは、あとで受取ることを指し、受取るまでは貸していることになるので、資産に属します。

では、12/1 〜 3/31までの受取利息（貸付け利息を指す）を発生させましょう。
受取家賃を貸方、未収利息（資産）を増加側（借方）に記入します。

仕訳完成

X7年	借方		貸方	
3 31	未収利息	4,000	受取利息	4,000

▼受取利息勘定と未収利息勘定

```
                    受取利息                         発生
                    11/22  普通預金         2,250
                    11/27  現金               200
                    12/26  当座預金         1,000
                    3/31   未収利息         4,000
                              ↑
                        当期の収益として発生
```

増加		未収利息		減少
3/31	受取利息	4,000		

256

チェック

・当期の収益を次期に受け取る場合は、当期の収益を発生させます。相手勘定科目は「後で受け取る」という意味をもつ資産勘定を作成します。

「未収」＋ 収益名 →　未収家賃、未収手数料など

▼仕訳の形

XX年	借方		貸方	
X X	未収〇〇	X,XXX	収益に属す勘定科目	X,XXX

・次期に繰り越した未収〇〇勘定は、忘れずに次期期首に再振替仕訳しましょう

例題で確認

例　期首（4/1）の総勘定元帳には、未収利息勘定（借方）4,000円（前期12/1〜3/31分）があり、これは前期分を当期に受け取るもので、再振替仕をおこす。また転記も行う。

XX	借方		貸方	
4 1	受取利息	4,000	未収利息	4,000

▼未収利息が精算され受取利息の前期分が消し込まれる

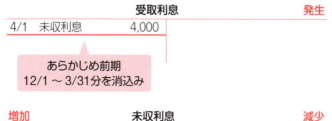

例 8/31　以前貸し付けていた200,000円と利息9,000円を現金で受け取った。（貸付期間は前期12/1～当期8/31まで。決算日は3/31である。利息は年6％の月割り）なお便宜上受取利息勘定のみ転記する。

XX		借方		貸方	
4	1	現金　　　　　209,000		貸付金　　　　200,000	
				受取利息　　　　9,000	

▼当期の受取利息は5,000円となる

　　　　　　　　　　　受取利息　　　　　　　　**発生**
4/1　未収利息　　4,000 ｜ 8/31　現金　　9,000　　発生総額 5,000

12/1～3/31分を消込み　　前期12/1～当期8/31までの貸付け利息　　当期4/1～8/31までの受取利息

決算整理仕訳という山も越えたことだし、当期のfloglife㈱の成績を早く知りたいから精算表を作成するわ

Step3 精算表の作成

　前期でも精算表を作成しましたね。1つの表で決算の流れを確認しながら、決算書が作成できる便利な表ですね。作成の流れは前期と同じです。
　決算整理前残高試算表（227ページ）と以下の決算整理仕訳から精算表を作成しましょう。

▼決算整理仕訳

決算整理事項	借方		貸方	
貯蔵品への振替	貯蔵品	1,800	租税公課	1,000
			通信費	800
現金過不足の清算	雑損	6,000	現金過不足	6,000
当座借越への振替	当座預金	163,600	当座借越	163,600
貸倒引当金の設定	貸倒引当金繰入	46,400	貸倒引当金	46,400
売上原価の算定	仕入	330,000	繰越商品	330,000
	繰越商品	1,230,000	仕入	1,230,000
減価償却	減価償却費	158,375	備品減価償却累計額	21,875
			車両減価償却累計額	112,500
			建物減価償却累計額	24,000
費用の前払い	前払保険料	24,000	支払保険料	24,000
	前払家賃	300,000	支払家賃	300,000
	前払地代	60,000	支払地代	60,000
	前払諸会費	6,000	諸会費	6,000
収益の前受け	受取家賃	80,000	前受家賃	80,000
費用の未払い	支払家賃	60,000	未払家賃	60,000
収益の未収	未収利息	4,000	受取利息	4,000

▼完成した精算表

精算表

勘定科目	残高試算表 借方	残高試算表 貸方	整理記入 借方	整理記入 貸方	損益計算書 借方(費用)	損益計算書 貸方(収益)	貸借対照表 借方(資産)	貸借対照表 貸方(負債と資本)
現　　　　　金	1,534,690						1,534,690	
現　金　過　不　足	6,000			6,000			0	
小　口　現　金	20,000						20,000	
普　通　預　金	3,799,050						3,799,050	
当　座　預　金		163,600	163,600				0	
定　期　預　金	500,000						500,000	
受　取　手　形	1,200,000						1,200,000	
売　　掛　　金	1,120,000						1,120,000	
繰　越　商　品	330,000		1,230,000	330,000			1,230,000	
仮　　払　　金	15,900						15,900	
貸　　付　　金	200,000						200,000	
差　入　保　証　金	20,000						20,000	
備　　　　　品	300,000						300,000	
車　両　運　搬　具	450,000						450,000	
建　　　　　物	1,080,000						1,080,000	
土　　　　　地	1,920,000						1,920,000	
支　払　手　形		1,000,000						1,000,000
電　子　記　録　債　務		1,000,000						1,000,000
買　　掛　　金		30,000						30,000
未　　払　　金		6,500						6,500
借　　入　　金		1,200,000						1,200,000
資　　本　　金		6,000,000						6,000,000
繰　越　利　益　剰　余　金		473,740						473,740
利　益　準　備　金		1,000						1,000
売　　　　　上		33,290,000				33,290,000		
受　取　家　賃		120,000	80,000			40,000		
受　取　地　代		80,000				80,000		
受　取　手　数　料		30,000				30,000		
固　定　資　産　売　却　益		4,200				4,200		
受　取　利　息		3,450		4,000		7,450		
仕　　　　　入	25,030,000		330,000	1,230,000	24,130,000			
役　員　報　酬	2,400,000				2,400,000			
給　　　　　料	1,410,000				1,410,000			
法　定　福　利　費	210,200				210,200			
支　払　家　賃	660,000		60,000	300,000	420,000			
支　払　地　代	180,000			60,000	120,000			
支　払　保　険　料	144,000			24,000	120,000			
支　払　利　息	122,000				122,000			
支　払　手　数　料	85,150				85,150			
水　道　光　熱　費	175,200				175,200			
通　　信　　費	176,800			800	176,000			
発　　送　　費	67,000				67,000			
貸　倒　損　失	50,000				50,000			
広　告　宣　伝　費	50,000				50,000			
旅　費　交　通　費	43,600				43,600			
租　税　公　課	25,800			1,000	24,800			
消　耗　品　費	24,500				24,500			
修　　繕　　費	20,000				20,000			
諸　　会　　費	18,000			6,000	12,000			
減　価　償　却　費	9,600		158,375		167,975			
雑　　　　　費	5,000				5,000			
	43,402,490	43,402,490						
貯　　蔵　　品			1,800				1,800	
雑　　　　　損			6,000		6,000			

負債	当座借越			163,600				負債	163,600
費用	貸倒引当金繰入		46,400		費用	46,400			
資産のマイナス	貸倒引当金			46,400			資産のマイナス		46,400
	備品減価償却累計額			21,875					21,875
	車両減価償却			112,500					112,500
	建物減価償却累計額			24,000					24,000
資産	前払保険料		24,000					24,000	
	前払家賃		300,000			資産		300,000	
	前払地代		60,000					60,000	
	前払諸会費		6,000					6,000	
負債	前受家賃			80,000			負債		80,000
	未払家賃			60,000			負債		60,000
資産	未収利息		4,000				資産	4,000	
	当期純利益			3,565,825					3,565,825
		2,470,175	2,470,175	33,451,650	33,451,650	13,785,440		13,785,440	

当期も利益がでました！

ふむ。精算表は決算書の下書きともいえるね。総勘定元帳の締切はあとまわしにして、当期は精算表から決算書を作成しよう

Step4　精算表から決算書を作成しよう

　本来はここから決算本手続きに入り、総勘定元帳を締め切ってから決算書を作成します。この手順は第1章23節で確認してください。ここでは紙面の都合上、精算表から決算書を作成します。勘定科目名の変更や、配置に気を付けて作成しましょう。

▼損益計算書

損益計算書

floglife株式会社　X6年4月1日からX7年3月31日まで　　（単位：円）

もとは仕入 → 売上原価
もとは売上 → 売上高

費用	金額	収益	金額
売 上 原 価	24,130,000	売 上 高	33,290,000
役 員 報 酬	2,400,000	受 取 家 賃	40,000
給　　　料	1,410,000	受 取 地 代	80,000
法 定 福 利 費	210,200	受 取 手 数 料	30,000
支 払 家 賃	420,000	固定資産売却益	4,200
支 払 地 代	120,000	受 取 利 息	7,450
支 払 保 険 料	120,000		
支 払 利 息	122,000		
支 払 手 数 料	85,150		
水 道 光 熱 費	175,200		
通　信　費	176,000		
発　送　費	67,000		
貸 倒 損 失	50,000		
貸倒引当金繰入	46,400		
広 告 宣 伝 費	50,000		
旅 費 交 通 費	43,600		
租 税 公 課	24,800		
消 耗 品 費	24,500		
修　繕　費	20,000		
諸　会　費	12,000		
減 価 償 却 費	167,975		
雑　　　費	5,000		
雑　　　損	6,000		
当 期 純 利 益	3,565,825		
	33,451,650		33,451,650

▼貸借対照表

貸借対照表

floglife株式会社　　　X7年3月31日　　　（単位：円）

資産	金額	負債及び純資産	金額
現　　　　　金		1,534,690	当　座　借　越	163,600
小　口　現　金		20,000	支　払　手　形	1,000,000
普　通　預　金		3,799,050	電子記録債務	1,000,000
定　期　預　金		500,000	買　　掛　　金	30,000
受　取　手　形	1,200,000		未　　払　　金	6,500
貸　倒　引　当　金	マイナス 24,000	1,176,000	借　　入　　金	1,200,000
売　　掛　　金	1,120,000		前　受　家　賃	80,000
貸　倒　引　当　金	マイナス 22,400	1,097,600	未　払　家　賃	60,000
商　　　　　品		1,230,000	資　　本　　金	6,000,000
貯　　蔵　　品		1,800	繰越利益剰余金	473,740
前　払　保　険　料		24,000	利　益　準　備　金	1,000
前　払　家　賃		300,000	当　期　純　利　益	3,565,825
前　払　地　代		60,000		
前　払　諸　会　費		6,000		
未　収　利　息		4,000		
仮　　払　　金		15,900		
貸　　付　　金		200,000		
差　入　保　証　金		20,000		
備　　　　　品	300,000			
備品減価償却累計額	マイナス 21,875	278,125		
車　両　運　搬　具	450,000			
車両減価償却累計額	マイナス 112,500	337,500		
建　　　　　物	1,080,000			
建物減価償却累計額	マイナス 24,000	1,056,000		
土　　　　　地		1,920,000		
		13,580,655		13,580,655

貸倒引当金を売上債権ごとに個別計算している。貸倒引当金は「資産のマイナス」であるため、売上債権の残高から引いて、回収可能額を計上する

もとは繰越商品

固定資産の取得原価から、減価償却累計額（資産のマイナス）を引いて、現在価値を計上

受取手形の回収可能額

売掛金の回収可能額

備品の現在価値

車両の現在価値

建物の現在価値

おかげさまで当期も無事に利益をだすことができました。

決算後2カ月以内に、この決算書をもとに法人税および消費税の申告をします。

> **＜補足＞**
> ・本来は精算表の作成後に総勘定元帳を締め切り、決算書を作成します。ここでは割愛していることをお許しください。なお決算本手続きは第1章23節を参考にしてください。
> ・法人税および消費税の計上も便宜上割愛しています。法人税は第3章3節、消費税は第3章1節と2節で個別に解説しています。

チェック

・当期純損失の場合は、精算表および決算書での配置が当期純利益と逆の配置になります。

例題で確認

例 3/31　決算整理前の各勘定残高と決算整理仕訳は以下の通りです。
精算表と決算書を作成しましょう。

▼**決算整理前の各勘定残高と決算整理仕訳**

決算整理前残高試算表
XX1年3月31日

借方残高	勘定科目	貸方残高
930,000	現　　　金	
120,000	売　掛　金	
15,000	繰越商品	
	買　掛　金	165,000
	資　本　金	1,000,000
	売　　　上	120,000
	受取手数料	10,000
150,000	仕　　　入	
30,000	役員報酬	
20,000	給　　　料	
30,000	旅費交通費	
1,295,000		1,295,000

決算整理仕訳

XX1		借方	貸方
3	31	仕入　　15,000	繰越商品　15,000
		繰越商品　18,000	仕入　　　18,000

▼精算表

精算表

勘定科目	残高試算表 借方	残高試算表 貸方	整理記入 借方	整理記入 貸方	損益計算書 借方	損益計算書 貸方	貸借対照表 借方	貸借対照表 貸方
現金	930,000						930,000	
売掛金	120,000						120,000	
繰越商品	15,000		18,000	15,000			18,000	
買掛金		165,000						165,000
資本金		1,000,000						1,000,000
売上		120,000				120,000		
受取手数料		10,000				10,000		
仕入	150,000		15,000	18,000	147,000			
役員報酬	30,000				30,000			
給料	20,000				20,000			
旅費交通費	30,000				30,000			
	1,295,000	1,295,000						
当期純損失						97,000	97,000	
			33,000	33,000	227,000	227,000	1,165,000	1,165,000

227,000	130,000	1,068,000	1,165,000
	97,000		
			97,000

費用＞収益により当期純損失

▼損益計算書

損益計算書

△△株式会社　　XX0年4月1日からXX1年3月31日まで　　　　（単位：円）

費用	金額	収益	金額
売　上　原　価	147,000	売　　上　　高	120,000
役　員　報　酬	30,000	受　取　手　数　料	10,000
給　　　　料	20,000	当　期　純　損　失	97,000
旅　費　交　通　費	30,000		
	227,000		227,000

▼貸借対照表

貸借対照表

△△株式会社　　　　XX1年3月31日　　　　　　　　（単位：円）

資産	金額	負債及び純資産	金額
現　　　　金	930,000	買　　掛　　金	165,000
売　　掛　　金	120,000	資　　本　　金	1,000,000
商　　　　品	18,000		
当　期　純　損　失	97,000		
	1,165,000		1,165,000

第3章 その他の取引と様々な帳簿

1 消費税の扱いって？税抜方式

仮払消費税　仮受消費税　未払消費税

商品の仕入代金や売上代金には消費税が含まれています。消費税はどのように処理するのかしら

まずは税抜方式という仕訳方法から覚えよう

消費税のしくみ

　消費税は商品やサービスに対して課せられる税金※です。会社の場合、仕入や消耗品の購入で消費税を支払い、商品の売上で消費税を受け取ります。支払ったり受け取ったりした消費税は、いつどのようにして納付するのでしょうか。

　まず消費税には課税期間という計算期間があります。課税期間は会社の会計期間と同じです。

　課税期間中に支払ったり受け取ったりした消費税は、決算時に計算し、納付額を確定します。そして決算が終わってから税務署に納付します。

　課税期間中の仕訳方法は税抜方式と税込方式がありますが、ここでは税抜方式を取り上げます。

※令和6年現在は消費税率10％、軽減税率8％です。本書もそれに従って解説していきます。

消費税込みの支払いを仕訳する　仮払消費税

　税抜方式で仕訳をおこすと、支払った消費税額をきちんと管理できます。

　税込み金額を税抜金額と消費税額に分け、消費税額は**仮払消費税**という勘定科目を使います。課税期間中に支払った消費税は、決算までは仮払いとして扱います。資産に属します。

　税込金額を税抜金額と消費税額に分けるための計算式は以下の通りです。

> 税抜金額 ＝ 税込金額 ÷ （1＋税率）　税率10%は0.1とし、8%は0.08とする
> 消費税額 ＝ 税込金額 － 税抜金額
> もしくは
> 消費税額 ＝ 税込金額 × 税率／（1＋税率）　税率10%は0.1とし、8%は0.08とする
>
> 税抜金額 ＝ 税込金額 － 消費税額

例題で確認

例1　税込11,000円（税率10%）の商品を現金で仕入れた。当社は税抜方式を採用している。

借方		1貸方	
仕入	10,000	現金	11,000
仮払消費税	1,000		

　税抜金額　11,000 ÷ 1.1 ＝ 10,000

例2　税込2,160円（軽減税率8%）のギフト紅茶セットを現金で仕入れた。

借方		1貸方	
仕入	2,000	現金	2,160
仮払消費税	160		

　税抜金額　2,160 ÷ 1.08 ＝ 2,000

例3　税込み660円（税率10%）の事務用品を現金で購入した。

借方		1貸方	
消耗品費	600	現金	660
仮払消費税	60		

　税抜金額　660 ÷ 1.1 ＝ 600

消費税込みの売上を仕訳する　仮受消費税

税抜方式で仕訳をおこすと、受け取った消費税をきちんと管理できます。

販売取引を税抜方式で仕訳する場合も税込み金額を税抜金額と消費税額に分けます。受け取った消費税額は**仮受消費税**という勘定科目を使います。課税期間中に受け取った消費税は決算までは仮受けとして扱います。負債に属します。

例題で確認

例1　消費税込み22,000円（税率10%）の商品を現金で売り上げた。

借方		貸方	
現金	22,000	売上	20,000
		仮受消費税	2,000

例2　消費税込3,240円（軽減税率8%）のギフト紅茶セットを現金で売り上げた。

借方		貸方	
現金	3,240	売上	3,000
		仮受消費税	240

決算　消費税額の計算　税抜方式

決算時に、仮受消費税と仮払消費税から消費税の納付額を確定する決算整理仕訳をおこします。

納付額は、以下の計算式で求められます。

> 消費税の納付額 ＝ 課税期間中に受け取った消費税 － 課税期間中に支払った消費税

消費税の納付額は、**未払消費税**（負債　実際の納付は後日になるため）という勘定科目を使います。Tフォームのイメージにすると以下のようになります。

▼未払消費税勘定の残高が消費税納付額

仮受消費税と仮払消費税を未払消費税に振替える仕訳をおこします。以下の例で確認しましょう。

例題で確認

例 決算（3/31）につき当期の消費税額を確定する。仮受消費税は2,240円、仮払消費税は1,220円である。

▼Tフォームから仕訳をイメージ

借方		貸方	
仮受消費税	2,240	未払消費税	2,240
未払消費税	1,220	仮払消費税	1,220

仕訳完成

借方		貸方	
仮受消費税	2,240	未払消費税	1,020
		仮払消費税	1,220

 同名の勘定科目が貸借にあれば相殺する

先程の仕訳をTフォームに転記すると仮受消費税と仮払消費税は精算され、未払消費税勘定にて納付額が確認できます。

▼未払消費税勘定にて納付額が確認できる

<u>増加</u> 仮払消費税 <u>減少</u>
借方合計 1,220　x/x 現金　1000｜3/31 仮受消費税 1,220　貸方合計 1,220
残高 0　　　　x/x 現金　 160
　　　　　　 x/x 現金　　60

<u>減少</u>　未払消費税　<u>増加</u>
　　　　　　　　｜3/31 仮受消費税 1,020

<u>減少</u>　仮受消費税　<u>増加</u>
借方合計 2,240　3/31 諸口 2,240｜x/x 現金　2,000　貸方合計 2,240
　　　　　　　　　　　　　　 x/x 現金　 240　残高 0

後日消費税を納付したときに未払消費税を減少させます。

借方	貸方
未払消費税　　1,020	現金　　1,020

勘定科目

- **仮払消費税**（資産）　税抜方式で、支払い取引を仕訳する際に使用します。会計期間中に支払った消費税は仮に支払ったとし、決算整理仕訳で未払消費税勘定に振替えて精算します。
- **仮受消費税**（負債）　税抜方式で、販売取引を仕訳する際に使用します。会計期間中の販売で受け取った消費税は、仮の受取りとします。決算整理仕訳で未払消費税勘定に振替えて精算します。
- **未払消費税**（負債）　仮払消費税と仮受消費税の振替先となる勘定科目です。貸方残高が消費税の納付額となります。

> **チェック**
>
> 税抜方式を採用している場合の消費税額を確定する仕訳は以下の通りです。
>
> | 借方 | | 貸方 | |
> |---|---|---|---|
> | 仮受消費税 | X,XXX | 未払消費税 | X,XXX |
> | 未払消費税 | X,XXX | 仮払消費税 | X,XXX |
>
> 未払消費税が貸借にあるので相殺しましょう
>
>
>
> | 借方 | | 貸方 | |
> |---|---|---|---|
> | 仮受消費税 | X,XXX | 未払消費税 | X,XXX |
> | | | 仮払消費税 | X,XXX |

<補足>
税法では、事業を始めて2年間は消費税の納付が免除されます。その期間は税込方式で仕訳を記入します。

2 消費税の扱いって？ 税込方式

次は税込方式※による仕訳方法を覚えよう。仕訳時の金額を税込みで記入すればいいのだよ。この手軽さが税込方式の特徴だね

※税込方式は日商簿記検定2級の範囲です。

支払金額や売上金額に含まれる消費税を税込方式で仕訳する

課税期間中の支払い取引を税込方式で仕訳する場合は、税込金額をそのまま記入します。つまり仕入勘定や消耗品費勘定に消費税額が含まれていることになります。

例題で確認

例 以下1〜5は税込方式での記帳の様子です。軽減税率適用の場合、勘定科目名の横に「＊」を付加しています。消費税を含む取引の仕訳とTフォームを確認しましょう。

1　税込み11,000円（税率10%）の商品を現金で仕入れた。

借方		貸方	
仕入	11,000	現金	11,000

2　税込2,160円（軽減税率8%）のギフト紅茶セットを現金で仕入れた。

借方		貸方	
仕入＊	2,160	現金	2,160

3　税込880円（税率10%）の文具を購入した。

借方		貸方	
消耗品費	880	現金	880

```
発生          仕入              発生         消耗品費
x/x  現金   11,000 ⎫          x/x  現金   880 ⎫ 税込金額
x/x  現金  * 2,160 ⎭ 税込金額
＊は軽減税率8%
```

4　消費税込み27,500円（税率10％）の商品を現金で売り上げた。

借方		貸方	
現金	27,500	売上	27,500

5　消費税込3,240円（軽減税率8％）のギフト紅茶セットを現金で売り上げた。

借方		貸方	
現金	3,240	売上＊	3,240

```
         売上                       発生
         |  x/x    現金    27,500  ┐
         |  x/x    現金   * 3,240  ┘ 税込金額
```

＊は軽減税率8％

―＜補足＞―
実務では、税率が違うものは仕訳ごとに印をつけるなどして、税率ごとの集計をしやすいようにしておきましょう。

消費税額の計算　税込方式

　決算整理仕訳で当期の消費税納付額を確定します。税込方式の場合はまず各勘定から、受け取った消費税額と支払った消費税額を計算します。
　計算式は以下の通りです。

勘定に含まれる消費税 ＝ 課税対象の金額 × 税率※ ／（1＋税率※）
※10％は0.1とし、8％は0.08とする

> 🔖 **例題で確認**

例 先程の例1〜5を当期分として以下の処理をしましょう。274ページの例題の続きになります。

6　決算につき、売上勘定に含まれる消費税額を計算する。当社は税込方式を採用している。税率ごとに計算する。

売上に 含まれる消費税	税率10%	$27,500 \times \dfrac{0.1}{1.1} =$ **2,500**
	税率8%	$3,240 \times \dfrac{0.08}{1.08} =$ **240**

　　　　　　　　　当期受け取った消費税2,740円

7　決算につき、仕入、消耗品費勘定に含まれる消費税額を計算する。当社は税込方式を採用している。税率ごとに計算する。

仕入、消耗品費に 含まれる消費税	税率10%	$11,880 \times \dfrac{0.1}{1.1} =$ **1,080**
	税率8%	$2,160 \times \dfrac{0.08}{1.08} =$ **160**

　　　　　　　　　当期支払った消費税1,240円

　各勘定から税率ごとの消費税額を求めたら、受け取った消費税の合計と支払った消費税の合計を算出します。納付額は以下の計算式で求めます。

> 納付する消費税 ＝ 受け取った消費税の合計 － 支払った消費税の合計

1,500 ＝ 2,740 － 1,240

▼各勘定に含まれている消費税額は、別途計算で求める

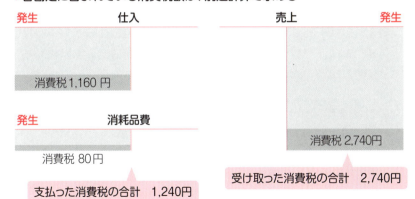

　決算整理仕訳をおこし、確定した消費税額1,500円を計上します。税込方式の場合、納付額を租税公課の発生と未払消費税の増加として処理します。

借方		貸方	
租税公課	1,500	未払消費税	1,500

後日、消費税1,500円を納付したら未払消費税を減少させます。

例題で確認

例 消費税1,500円を現金で納付した

借方		貸方	
未払消費税	1,500	現金	1,500

> **チェック**
>
> ・税込方式を採用している場合（日商簿記検定2級の範囲）、仕訳時の金額は税込み金額を記入します。決算になったら、収益勘定、費用勘定に含まれている消費税額を以下の計算式にあてはめ、それぞれ計算します。
>
> > 勘定に含まれる消費税 ＝ 課税対象の金額 × 税率[※] / (1＋税率[※])
> > ※10%は0.1、8%は0.08とする
>
> ・各勘定で算出された消費税を、受け取った消費税、支払った消費税ごとに合計します。そして以下の計算式より納付額を求めます。
>
> > 納付する消費税 ＝ 受け取った消費税の合計 － 支払った消費税の合計
>
> ・決算整理仕訳で納付する消費税を計上します。納付する消費税は租税公課の発生、支払いは後日になるので未払消費税の増加とします。覚えましょう！
> 記帳が税込方式で、決算時に消費税額を確定する仕訳は、以下のとおりです。
>
> | 借方 | | 貸方 | |
> |---|---|---|---|
> | 租税公課 | X,XXX | 未払消費税 | X,XXX |

3 法人税の扱いって

仮払法人税等 **法人税等** **未払法人税等**

決算で当期純利益が確定したら、法人にかかる税金を納付するんですよね

法人にかかる税金　仮払法人税等　法人税等　未払法人税等

法人が納付すべき税金（消費税や租税公課は省略）には以下のものがあります。

	区分	課税対象
法人税	国税	利益から計算した所得
法人住民税	都道府県、区市町村	・法人すべて（均等割） ・法人税を納付している法人（法人税割）
法人事業税	都道府県	利益から計算した所得
特別法人事業税	国税	法人事業税の一部

　法人税等は、年度中間の中間申告と決算時の確定申告の年2回納付します。中間申告では概算額を納付するため**仮払法人税等**という勘定科目を使います。将来の納付の一部で、まだ確定ではないため資産に属します。

例題で確認

例 法人税の中間申告として現金で50,000円を納付した。

借方		貸方	
仮払法人税等	50,000	現金	50,000

　決算で当期の法人税が確定したときは、**法人税、住民税および事業税**または**法人税等**という勘定科目を使います※。また確定時点ではまだ納付していないため、相手勘定科目は**未払法人税等（負債）**を使います。

※法人税等は、損益計算書に計上されます。

例題で確認

例 決算で法人税120,000円が確定したため計上する。なお中間申告で50,000円納付している。

借方		貸方	
法人税等	120,000	仮払法人税等	50,000
		未払法人税等	70,000

後日、法人税を納付したときに未払法人税等を減少させます。

例題で確認

例 法人税70,000円を当座預金から支払った。

借方		貸方	
未払法人税等	70,000	当座預金	70,000

4 証ひょうから仕訳をおこすには？

納品書や請求書などから、きちんと仕訳ができるように見かたを覚えたいです

きちんと読みとれるようになろう

仕入や物品の購入時に販売者から受け取る証ひょう

　証ひょうとは、取引の事実を証明するための書類です。当社が購入側であった場合、販売者から受け取る証ひょうには以下のものがあります。

納品書	納品物の詳細、納品の事実や内容を確認する書類
請求書	納品物の支払いを求める書類
領収書	納品物の支払いがあったことを証明する書類

　証ひょう1枚で1つの取引になります。以下の証ひょうの例から仕訳を確認しましょう。

例題で確認

例 2/5 トンボ㈱から商品を掛けで仕入れ、請求書兼納品書を受け取った。合計欄は税込金額である。当社は消費税を税抜方式で処理している。

借方		貸方	
仕入	430,000	買掛金	473,000
仮払消費税	43,000		

例 2/5　テントウ㈱から後払いで事務用の物品を購入し、請求書を受け取った。なお消費税についてはここでは取り上げない。

▼請求書の例

XX年2月5日
請求書
floglife株式会社　御中
テントウ㈱

品物	数量	単価	金額
コピー用紙	7	500	3,500 円
インク	3	2,000	6,000 円
		送料	700 円
		合計	10,200 円

XX年2月28日までに下記口座へお振込みください
雨上がり銀行　普通) XX54321
テントウ株式会社

　上記取引は消耗品の購入ですね。仕入以外の後払いは未払金を使います。送料の記載がありますが消耗品の金額に含めます。この証ひょう1枚で1つの取引になります。

仕訳完成

借方		貸方	
消耗品費	10,200	未払金	10,200

商品の販売時に得意先に渡す証ひょう

　商品を売り上げたときは、やはり得意先に納品書、請求書、領収書を渡します。当社ではその控えを保管します。

例題で確認

例 2/5　トンボ㈱は、floglife㈱に掛けで商品を販売し、請求書兼領収書を渡した。記帳は税抜方式で処理している。トンボ㈱の立場で仕訳をすること。

▼トンボ㈱が保管している控え

取引の証明として発行者が残す書類

```
                                    XX年2月5日
              請求書 兼 納品書（控え）
   floglife株式会社　御中
                                        トンボ㈱
```

品物	数量	単価	金額
赤いフライパンS	30	3,000	90,000円
緑の部屋着	25	7,000	175,000円
︙	︙	︙	︙
		消費税	43,000円
		合計	473,000円

XX年2月28日までに下記口座へお振込みください
雨上がり銀行　普通) XX12345
トンボ株式会社

仕訳完成

借方		貸方	
売掛金	473,000	売上	430,000
		仮受消費税	43,000

その他の証ひょう

　売買取引以外で使用する証ひょうもあります。floglife㈱でよく使用するものをいくつか挙げます。

旅費精算書	旅費交通費の清算および報告書
振込依頼書	指定した口座への振り込みを依頼する書類
税金の納付書	税金を納める際に使用する書類
当座勘定照合表	当座預金の入出金状況を記した書類

　それでは以下の例題で仕訳を確認しましょう。

> 例題で確認

例 出張から戻った従業員から旅費精算書の提出を受けるとともに、残額を現金で受け取った。なお、出張前に仮払金として20,000円を現金で従業員に渡している。

▼旅費精算書の例

旅費精算書
おたま

移動先	手段等	領収書	金額
フキ駅	電車	無	700
キリ㈱	タクシー	有	3,200
アカリンホテル	宿泊	有	7,800
帰社	電車	無	700
	合計		12,400

▼領収書の例

領収書
運賃 ¥3,200
上記金額を領収いたしました
comma㈱

領収書
宿泊費 ¥7,800
上記金額を領収いたしました
アカリンホテル

出張から帰社した従業員から旅費精算書や領収書を受け取った時に仮払金の精算をします。旅費精算書の合計額を旅費交通費として記帳します。

借方		貸方	
旅費交通費	12,400	仮払金	20,000
現金	7,600		

仮払金を渡す取引は仕訳済みであると捉えて下さい

例 floglife㈱は、納付書にもとづいて普通預金口座から支払い、金融機関から領収証書を受け取った。

領収証書の科目欄には「法人税」とあり、中間申告の箇所に○印がついているため、法人税の中間申告と分かります。

借方		貸方	
仮払法人税等	150,000	普通預金	150,000

例 floglife㈱は、納付書にもとづいて普通預金口座から支払い、金融機関から以下の領収証書を受け取った。

▼受け取った領収証書の例

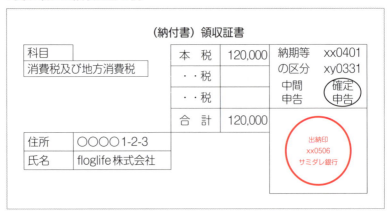

納付書の科目欄には「消費税〜」とあり、確定申告の箇所に〇印がついているため、決算時に計上した未払消費税の納付時のものと読み取れますね。

借方		貸方	
未払消費税	120,000	普通預金	120,000

例 floglife(株)は事務所の賃借契約を行い、不動産会社から送られてきた振込依頼書どおりに普通預金口座から支払った。

▼送られてきた振込依頼書の例

振込依頼書

宛先：floglife株式会社 御中
証ひょう名
発行者：㈱アイ不動産

以下の合計額をお振込みください

振込みの詳細

内容	金額
仲介手数料	¥10,000
敷金	¥90,000
初月家賃	¥30,000
合計	¥130,000

振込み額

アメアガリ銀行　当座）XX11XX2 カ）アイ不動産

㈱アイ不動産がfloglife㈱に代金の支払いを依頼し、floglife㈱は普通金口座から振り込んだという取引ですが、仕訳の際は、各項目の勘定科目に注意します。

借方		貸方	
支払手数料	10,000	普通預金	130,000
差入保証金	90,000		
支払家賃	30,000		

例 当座預金の入出金明細表が送付されてきたため、取引を確認した。なお、カイコガ㈱とキリ㈱とは掛け取引をしている。またNo.506の小切手は5/18日に振り出している。

▼当座勘定照合表の例

　当座勘定照合表は当座預金口座の入出金状況を記録したもので、見方は通帳とほぼ同じです。当座預金の仕訳を確認しましょう。

5/20

借方		貸方	
買掛金	200,000	当座預金	200,300
支払手数料	300		

5/22

借方		貸方	
当座預金	300,000	売掛金	300,000

5/24

借方	貸方
仕訳なし	

💡ヒント No.506の小切手は5/18に振り出したときに当座預金の減少として仕訳済みである

5 三分法と分記法って？

商品　商品売買益

商品を購入した時、仕入（費用）を発生させますが、商品という資産が増えるという考え方もあるって、たしか聞いたような…

商品売買に関して、今まで行ってきた仕訳方法を三分法という。商品を資産として扱う仕訳方法は分記法と言うんだ

三分法とは

　floglife㈱では商品を扱う勘定科目として、会計期間中は仕入（費用）と売上（収益）を使い、決算では「繰越商品（資産）」を使って記帳してきましたね。この3つの勘定を使った記帳方法を**三分法**といいます。仕入れは仕入原価※を、売り上げは販売価格で記入するので仕訳が楽です。一日の売買取引が多い小売業に向いている記帳方法です。商品の利益は、決算時に在庫を繰越し、売上原価を算定して計算します。

　※商品の購入価格を指します

　三分法で仕訳するときは、以下のように捉えて仕訳します。

取引	勘定科目	金額
仕入れる	仕入（費用）が発生	仕入原価
売り上げる	売上（収益）が発生	販売価格

分記法とは

　分記法は、商品売上時に「原価と利益に分けて記入する」という意味で、商品を扱う勘定科目は「商品（資産）」のみで、利益は売上げのつど「商品売買益（収益）」で把握します。頻繁に売買されないもの（車、宝石、美術品など）を扱う小売業に向いています。

分記法で仕訳するときは、以下のように捉えて仕訳します。

取引	勘定科目	金額
仕入れる	商品（資産）が増加	仕入原価
売り上げる	商品（資産）が減少 商品売買益（収益）が発生	仕入原価 販売価格と仕入原価の差額

三分法と分記法の比較

商品売買取引を三分法と分記法で仕訳してみましょう。

例題で確認

例1 仕入原価＠20,000円の商品Aを10個、現金で仕入れた。

	借方		貸方	
三分法	仕入	200,000	現金	200,000
分記法	**商品**	**200,000**	現金	200,000

　　　　　商品(資産)が増加　　　　　仕入原価

例2 仕入原価＠30,000円の商品Bを5個、掛けで仕入れた。

	借方		貸方	
三分法	仕入	150,000	買掛金	150,000
分記法	**商品**	150,000	買掛金	150,000

例3 販売価格35,000円（仕入原価＠20,000円）の商品Aを6個売上げ現金を受け取った。

	借方		貸方	
三分法	現金	210,000	売上	210,000
分記法	現金	210,000	**商品** **商品売買益**	**120,000** **90,000**

販売代金を受け取る　　販売価格と仕入原価の差額が商品売買益　　商品(資産)が減少 仕入原価

例4 販売価格40,000円（仕入原価＠30,000円）の商品Bを2個売上げ代金は掛けとした。

	借方		貸方	
三分法	売掛金	80,000	売上	80,000
分記法	売掛金	80,000	**商品** **商品売買益**	**60,000** **20,000**

分記法では、売上時に減少する「商品」の金額合計が「売上原価」になります。そして代金（販売価格）と売上原価の差額が商品売買益になります。

チェック

・三分法

三分法	使用勘定科目	金額	特徴
	仕入	購入価格(仕入原価)を記入	仕訳がシンプルなので取引数が多い小売業向け。しかし商品売買による利益は決算整理をしなければ把握できない
	売上	販売価格を記入	
	繰越商品	仕入原価を記入	

・分記法

分記法	使用勘定科目	金額	特徴
	商品	購入価格(仕入原価)を記入	売上時は仕入原価を調べて記帳するので仕訳が大変だが、利益がその都度わかる。
	商品売買益	販売価格 - 仕入原価	

6 伝票や仕訳日計表って？

仕訳帳の代わりに伝票が使えるそうですね

伝票は取引を手分けして記入できるんだよ、いろんな種類があるが、まずは3つの伝票を使ってみよう

3伝票制（入金伝票・出金伝票・振替伝票）

通常、発生した取引はすべて仕訳帳に記入します。仕訳帳は1冊のノートになっているので、複数の経理担当者が手分けして記帳することができません。そこで**伝票**という用紙を仕訳帳の代わりに使うことがあります。入金伝票、出金伝票、振替伝票の3つの伝票を使って取引を記録することを3伝票制といいます。

▼3伝票制の種類と役割

入金伝票	現金の増加取引を記入
出金伝票	現金の減少取引を記入
振替伝票	現金以外の取引を記入

●入金伝票

入金伝票には、現金が増加する取引を記入します。取引例から伝票を起票してみましょう。コツが掴めるようになるまでは、いつものように仕訳をおこしてから起票するといいでしょう。

例 X6/10/1　売掛金5,000円を現金で受け取った。

X6	借方		貸方	
10/1	現金	5,000	売掛金	5,000

▼入金伝票の起票

● 出金伝票

出金伝票には、現金が減少する取引を記入します。

例題で確認

例 X6/10/1　買掛金3,000円を現金で支払った。

X6	借方		貸方	
10/1	買掛金	3,000	現金	3,000

▼出金伝票の起票

● 振替伝票

　振替伝票には、現金の入出金以外の取引を記入します。書き方は通常の仕訳とほぼ同じです。

例題で確認

例 X6/10/1　商品3,500円を売り上げ、代金は掛けとした。

X6	借方		貸方	
10/1	売掛金	3,500	売上	3,500

▼振替伝票の起票

	出金伝票			No.001
	X6年10月1日			
借方科目	金額	貸方科目		金額
売掛金	3,500	売上		3,500

完成

伝票の使い方を工夫する　一部が現金取引の場合

取引の中には、現金取引とそれ以外の取引が混在しいるものがあります。これを**一部現金取引**といいます。このような場合の起票方法は2つあります。

●現金取引とその他取引の2つに分解して起票

先に現金取引を入金伝票・出金伝票に記入します。次に、残ったその他取引を振替伝票に記入します。

▼最初に入金または出金伝票を起票する

例題で確認

例　X6/10/5　商品30,000円を仕入れ、代金のうち20,000円は、現金で支払い、残額は掛けとした。

X6	借方		貸方	
10/5	仕入	30,000	現金	20,000
			買掛金	10,000

仕入を現金分と買掛金分に分解します。先に現金取引分を記帳し、次に残りの取引を記帳します。次の仕訳イメージで伝票を起票します。

X6	借方		貸方	
10/5	**仕入**	**20,000**	**現金**	**20,000**
	仕入	10,000	買掛金	10,000

▼出金伝票と振替伝票に起票

●擬制法を使った起票

擬制法とは、いったん現金取引は無かったことにして全額振替伝票で起票し、直後に現金取引があったことにする方法のことです。

▼最初に振替伝票を起票する

①現金取引は無かったことにして、全額振替伝票に記入

| 振替伝票 |
| 年　月　日 |

借方科目	金額	貸方科目	金額

②直後に現金取引があったことにする

| 入金伝票 |
| 年　月　日 |

勘定科目	金額

| 出金伝票 |
| 年　月　日 |

勘定科目	金額

例題で確認

例 X6/10/5　商品30,000円を仕入れ、代金のうち20,000円は、現金で支払い、残額は掛けとした。

この取引に現金取引がなかったとすると、全額掛けにしたことになります。

X6	借方		貸方	
10/5	仕入	30,000	買掛金	30,000

直後に掛代金として現金20,000円を支払ったことにします。このイメージで起票します。

X6	借方		貸方	
10/5	仕入	30,000	現掛金	30,000
	買掛金	20,000	現金	20,000

▼振替伝票と出金伝票を起票

完成

| 振替伝票 | | | No.004 |
| X6年 10月 5日 | | | |
借方科目	金額	貸方科目	金額
仕入	30,000	買掛金	30,000

| 出金伝票 | No.003 |
| X6年 10月 5日 | |
勘定科目	金額
買掛金	20,000

> **日商簿記検定3級対策**
>
> 日商簿記検定3級では、擬制法のことを「2つの取引が同時にあったとする方法」と呼ぶことがあります。

伝票をまとめる仕訳日計表

　1枚1枚の用紙からなる伝票は手分けして仕訳作業ができるので効率的ですが、総勘定元帳に個別転記するには手間とミスの心配があります。そこで**仕訳日計表**という表を作ります。

　仕訳日計表とは、一日分の取引が記入された伝票を勘定科目ごとにまとめ、集計した表です（一週間分まとめて集計する表は仕訳週計表）。

　性質が試算表に似ていて、勘定科目ごとの集計が正しければ貸借合計は一致します（下図）。つまり仕訳日計表の作成により集計ミスや転記ミスを防ぐことができるのです。

▼仕訳日計表

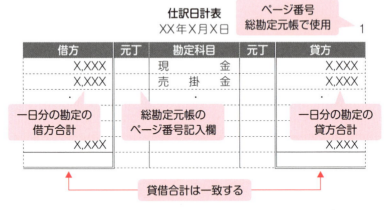

　では例を見て、伝票を集計し仕訳日計表を作成しましょう。コツが掴めるようになるまでは、伝票を仕訳に戻してから行いましょう。

例 1日分の伝票から①〜④の記入を行いましょう。
① 伝票から仕訳を起こす
② ①から仕訳日計表を作成する
③ ②を現金、買掛金、仕入のTフォームに転記する（他勘定は省略）
④ 仕訳日計表の元丁欄にTフォームのページ番号を記入

転記の際、相手勘定科目は「仕訳日計表」にします。

X6年10月7日

	入金伝票	No.101
売掛金		500

	出金伝票	No.201
買掛金		400

	振替伝票	No.301
仕入	500	
	買掛金	500

	振替伝票	No.302
買掛金	700	
	当座預金	700

左に寄っている勘定が借方　　左に寄っている金額が借方

↓ ①伝票から仕訳に戻す

	借方		貸方	
No.101	現金	500	売掛金	500
No.201	買掛金	400	現金	400
No.301	仕入	500	買掛金	500
No.302	買掛金	700	当座預金	700

↓ ②仕訳日計表作成

仕訳日計表
X6年10月7日　　　　　　　　　　1

借方	元丁	勘定科目	元丁	貸方
500		現　　金		400
		当 座 預 金		700
		売　掛　金		500
1,100		買　掛　金		500
500		仕　　入		
2,100				2,100

↓ ③現金、買掛金、仕入の
　　Tフォームに転記

現金　　　　　　　　　1ページ

10/1	前月繰越	20,000	10/7	仕訳日計表	400
10/7	仕訳日計表	500			

買掛金　　　　　　　　　3ページ

10/7	仕訳日計表	1,100	10/1	前月繰越	1,500
			10/7	仕訳日計表	500

仕入　　　　　　　　　6ページ

4/1	現金	5,000
5/10	買掛金	1,000
9/5	当座預金	2,000
10/7	仕訳日計表	500

注意) すでに転記済みの仕訳はグレー表示

④元丁欄にTフォームのページを記入

仕訳日計表
X6年10月7日　　　　　　　1

借方	元丁	勘定科目	元丁	貸方
500	1	現　　　金	1	400
		当 座 預 金		700
		売　掛　金		500
1,100	3	買　掛　金	3	500
500	6	仕　　　入		
2,100				2,100

7 仕訳帳や総勘定元帳のフォーマットは？

本来の仕訳帳と総勘定元帳の記入方法が知りたいわ

今までは簡略化された仕訳帳と総勘定元帳を取り上げてきたからね

仕訳帳

本来の仕訳帳は次の図のような構成になっています。

▼仕訳帳の構成

勘定科目はカッコで囲んで記入
　・借方は左寄り、貸方は1行下に右寄りに記入
　・片側に複数勘定科目がある際は「諸口」を記入
取引の詳細などコメントも記入できる

仕訳日計表

　　　　　　　　　　　　　　　　　　　金額　　ページ

　　　　　　　　　　　　　　　　　　　　　　　1

X6年	摘要	元丁	借方	貸方

取引日　　仕訳ごとに仕切線を引く　　後述の転記先総勘定元帳のページ番号

次の例題から仕訳帳の記帳方法を学びましょう。

299

🔖 **例題で確認**

例
- X6/10/8 普通預金から当座預金に1,000,000円振替えた
- X6/10/9. トンボ㈱から商品300,000円を仕入れ、代金は200,000円の小切手を振り出し、残額は掛けにした
- X6/10/10 キリ㈱へ商品450,000円を売り上げ、代金は小切手200,000円を受け取り、残額は掛けにした　10月の取引は以上。締切りを行う
- X6/11/2　カメオ㈱へ商品20,000円を現金で売り上げた

X6年		摘要		元丁	借方	貸方
10	8	(当座預金)			1,000,000	
			(普通預金)			1,000,000
	9	(仕入)	諸口		300,000	
			(当座預金)			200,000
			(買掛金)			100,000
		トンボ㈱より仕入れ				
	10	(現金)			200,000	
		(売掛金)			250,000	
		諸口	(売上)			450,000
		キリ㈱へ売り上げ				
					1,750,000	1,750,000
11	2	(現金)			20,000	
			(売上)			20,000
		カメオ㈱へ売り上げ				

> 月の貸借合計を記入
> 合計の上は赤の実線を引く(合計線)

> 貸借計の一致をもって赤二重線(締切線)で締める

総勘定元帳のフォーマット

本来の総勘定元帳は次の図のような構成になっています。

▼ **総勘定元帳の構成例**（Tフォームとの比較）

総勘定元帳
現金

3

日付		摘要	仕丁	借方	日付		摘要	仕丁	貸方
10	1	前月繰越	✓	300,000	10	2	仕入	2	150,000
10	20	諸口	2	100,000					
10	22	普通預金	2	50,000			次月繰越	✓	300,000
				450,000					450,000
11	1	前月繰越	✓	300000					

- 仕訳帳のページ
- 月の借方計と同じ行に貸方合計を記入 合計の上は赤の実線を引く（合計線）
- 締切行の上
- 貸借計の一致をもって赤二重線（締切線）で締める
- 繰越は「✓」

現金　　3

10/1	前月繰越	300,000	10/2	仕入	150,000
10/20	諸口	100,000	10/31	次月繰越	300,000
10/22	普通預金	50,000			
		450,000			450,000

※10月の取引は全て仕訳帳2ページに記入

▼ **締切り行の上に空欄がある場合は斜線を引く**

総勘定元帳
現金

3

日付		摘要	仕丁	借方	日付		摘要	仕丁	貸方
10	1	前月繰越	✓	300,000	10	2	仕入	2	150,000
10	20	諸口	2	100,000	10	3	消耗品費	2	5,000
					10	20	仕入		100,000
							次期繰越		145,000
				400,000					400,000
11	1	前月繰越	✓	145,000					

締切行の上が空欄の場合斜線を引く

※現金勘定の一例

8 補助記入帳って？

 主要簿のほかにたくさんの帳簿があると聞きました。教えてください

 たくさんあるから順に見ていこう。まずは補助記入帳からだ

補助記入帳の役割

補助記入帳は、取引の具体的な内容を発生順に記録する帳簿です。仕訳帳を補う役割をもっています。必要に応じて作成します。

補助記入帳の種類
・現金出納帳、当座預金出納帳
・仕入帳、売上帳
・受取手形記入帳、支払手形記入帳
・小口現金出納帳

現金出納帳

現金出納帳は、現金取引を記録する帳簿です。以下の例題を通じて、現金出納帳の構成と記帳方法を確認しましょう。

🔖 **例題で確認**

例 次の取引を現金出納帳に記帳しましょう。

① 5/1 前月からの繰越額 430,000円
② 5/3 トンボ㈱より現金による商品の仕入額 60,000円
③ 5/5 家賃の現金による支払 150,000円
④ 5/10 売掛金のヒグラシ㈱振出小切手による回収 120,000円
⑤ 5/20 現金の実際有高の不足額 3,000円
⑥ 5/25 現金の当座預金への預け入れ 100,000円
⑦ 月末につき、締切り翌月に繰越した

▼現金出納帳に記帳した様子

当座預金出納帳

当座預金出納帳は、当座預金の取引を記録する帳簿です。以下の例題を通じて、当座預金出納帳の構成と記帳方法を確認しましょう。

例題で確認

例 次の取引を当座預金出納帳に記帳しましょう。

① 7/1 当座預金口座を開設。当座借越契約（50万円）も交わし、現金150,000円預け入れた
② 7/13 トンボ㈱へ仕入代金を支払うため、小切手＃10の振出し50,000円
③ 7/20 コナギ㈱より売掛金20,000円を小切手で受取り、当座預金へ預け入れた
④ 7/23 firefly㈱への買掛金を支払うため、小切手＃11の振出し150,000円
⑤ 7/25 現金100,000円預け入れ
⑥ 月末につき、締切り翌月に繰越した

▼当座預金出納帳に記帳した様子

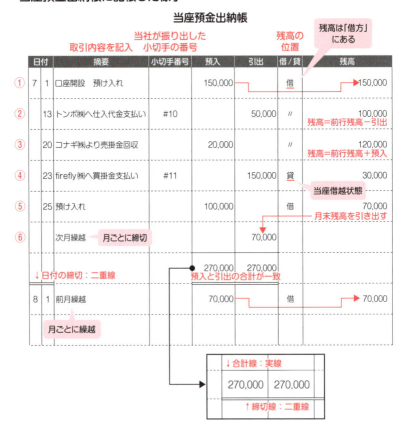

仕入帳

仕入帳は、仕入取引を記録して仕訳内容を明らかにするための帳簿です。以下の例題を通じて、仕入帳の構成と記帳方法を確認しましょう。

例題で確認

例 次の取引を仕入帳に記帳しましょう。

① 5/19 シマ㈱よりコート20着（@28,000）およびスーツ10着（@23,000）を掛けで仕入れた
② 5/21 シマ㈱より仕入れたコート10着（@28,000）を返品した
③ 5/24 オキ㈱からコート10着（@23,000）を仕入れ、小切手で支払った
④ 月末につき締切る

▼仕入帳に記帳した様子

仕入帳

X年		摘要（仕入先／商品名／支払方法／数量・単位／単価）			内訳（複数の商品を仕入れた場合商品ごとの合計を記入）	金額（その日の仕入合計を記入）
5	19	シマ㈱	掛け			
①		コート	20着	28,000	560,000 20着 × 28,000	
		スーツ	10着	23,000	230,000 10着 × 23,000	790,000 5/19の仕入合計
②	21	**シマ㈱**	**掛け返品**		返品は太字 （本来は赤字で記入）	
		コート	**10着**	**28,000**		**280,000**
③	24	オキ㈱	当座預金			
		コート	10着	23,000		230,000
④ 締切	31		総仕入高 仕入合計			1,020,000 790,000 + 230,000
	〃		**仕入戻し高** 返品合計		返品は太字 （本来は赤字で記入）	**280,000**
			純仕入高 総仕入高−返品額			740,000 1,020,000 − 280,000

取引ごとに区切り線

合計線

305

売上帳

売上帳は、売上取引を記録して仕訳内容を明らかにするための帳簿です。以下の例題を通じて、売上帳の構成と記帳方法を確認しましょう。

例題で確認

例 次の取引を売上帳に記帳しましょう。

① 6/19 トリ㈱にコート20着（@35,000）およびスーツ15着（@30,000）を掛けで売上げた
② 6/21 トリ㈱に売り上げたコート10着（@35,000）が返品された
③ 6/24 フク㈱へコート10着（@28,000）を売上げ、小切手で受け取った
④ 月末につき締切る

▼売上帳に記帳した様子

売上帳

	X年		得意先	支払方法 数量・単位	単価	内訳 複数の商品を売上げた場合商品ごとの合計を記入	金額 その日の仕入金額合計を記入
①	6	19	トリ㈱	掛け			
			コート	20着	35,000	700,000 20着 × 35,000	
			スーツ	15着	30,000	450,000 15着 × 30,000	1,150,000 6/19の売上合計
②		21	トリ㈱	掛け返品		返品は太字 （本来は赤字で記入）	
			コート	10着	35,000		350,000
③		24	フク㈱	現金			
			コート	10着	28,000	合計線	280,000
④ 締切		30		総売上高 売上合計			1,430,000
		〃	返品は太字 （本来は赤字で記入）	売上戻り高 返品合計			350,000
				純売上高 総売上高−返品合計			1,080,000

受取手形記入帳

受取手形記入帳は、受取手形の明細を記録する帳簿です。以下の例題を通じて、受取手形記入帳の構成と記帳方法を確認しましょう。

例題で確認

例 次の取引を受取手形記入帳に記帳しましょう。

① 10/6 ヤマ㈱に商品200,000円を売上げ、同社振出の約束手形(No12、満期日12/5、支払場所:ウエタ銀行)を受け取った
② 12/5 No12の約束手形200,000円が決済され、当座預金に入金された

▼受取手形記入帳に記帳した様子

受取手形記入帳

- 約束手形は「約手」
- 相手勘定科目
- 手形代金の支払人
- 手形の振出人
- 銀行名
- その手形が最後どうなったのかを記入

X年		手形種類	手形番号	摘要	支払人	振出人または裏書人	振出日		満期日		支払場所	手形金額	てん末		
							月	日	月	日			月	日	摘要
10	6	約手	12	売上	ヤマ㈱	ヤマ㈱	10	6	12	5	ウエタ銀行	200,000	12	5	入金

① ②

支払手形記入帳

支払手形記入帳は、支払手形の明細を記録する帳簿です。以下の例題を通じて、支払手形記入帳の構成と記帳方法を確認しましょう。

例題で確認

例 次の取引を支払手形記入帳に記帳しましょう。

① 10/12 フク㈱から商品100,000円仕入れ、代金は約束手形(No31、満期日12/9、支払場所:ウエタ銀行)で支払った
② 12/9 No31の約束手形100,000円が決済され、当座預金から支払われた

▼支払手形記入帳に記帳した様子

支払手形記入帳

- 約束手形は「約手」
- 相手勘定科目
- 手形代金の支払人
- 手形の振出人
- 銀行名
- その手形が最後どうなったのかを記入

X年		手形種類	手形番号	摘要	受取人	振出人または裏書人	振出日		満期日		支払場所	手形金額	てん末		
							月	日	月	日			月	日	摘要
10	12	約手	31	仕入	フク㈱	当社	10	12	12	9	ウエタ銀行	100,000	12	9	支払

① ②

小口現金出納帳

　小口現金出納帳は、小口現金の支払いと補給を管理する帳簿です。小口現金の補給のタイミングに応じて記入方法が変わります。以下の例題を通じて、小口現金出納帳の構成と記帳方法を確認しましょう。

例題で確認

例　次の取引を小口現金出納帳に記帳しましょう。
・当社は定額資金前渡制度を採用している。前渡額は10,000円である。
・小口現金は週末に報告を受け、締切る。翌週初めに補給している。
① 6/1 小口現金10,000円を用度係に渡した
② 6/2 部署内でバス代2,500円を小口現金から支払った
③ 6/3 部署内で使うファイル1,800円を購入し小口現金から支払った
④ 6/4 部署内で来客用お茶菓子1,000円を購入し、小口現金から支払った
⑤ 用度係から②〜④の精算報告を受けた
⑥ 6/8 本日小口現金を補給

▼小口現金出納帳に記帳した様子

小口現金出納帳

	受入	日付		摘要		支払	交通費	消耗品費	雑費
①	10,000	6	1	小口現金受入れ					
⑤			2	バス代	交通費	2,500	2,500		
			3	ファイル	消耗品費	1,800		1,800	
			4	お茶菓子	雑費	1,000			1,000
				合計	縦計	5,300	2,500	1,800	1,000
			5	次週繰越		4,700			
	10,000					10,000			
	4,700	6	8	前週繰越					
⑥	5,300		〃	本日補給	前週に使った分を補給				

（補給額を記入／支払内容を記入／支払金額を記入／支払金額を内訳ごとに記入）

例題で確認

例 上記⑥の補給が、⑤の精算報告と同時だった場合の締切りを記帳しましょう。

▼小口現金出納帳に記帳した様子

小口現金出納帳

受入	日付		摘要	支払	交通費	消耗品費	雑費
10,000	6	1	小口現金受入れ				
			⋮				
			合計	5,300	2,500	1,800	1,000
5,300		5	本日補給				
		5	次週繰越	10,000			
15,300				15,300			
10,000		8	前週繰越				

使った金額が補給される

補給後に、定額の10,000円を引き出す

9 補助元帳って？

　掛け取引は信用取引だ。専用の帳簿できちんと管理することが大事だ。また商品をいくらで仕入れたのかを克明に記録することで儲け（粗利）に敏感になる。そのための帳簿が補助元帳だ

補助元帳の役割

　補助元帳は、商品や売掛金、買掛金等の勘定について詳細を記録する帳簿です。必要に応じて作成します。

> 補助元帳の種類
> ・買掛金元帳、売掛金元帳
> ・商品有高帳
> ・固定資産台帳

買掛金元帳（仕入先元帳）

　買掛金元帳は、仕入先ごとに買掛金の明細を記帳する帳簿です。仕入先ごとにページがあります。以下の例を通じて、買掛金元帳の構造と記帳方法を確認しましょう。

例題で確認

例 次の取引を買掛金元帳（コウ㈱）に記入しましょう。
① 5/1　買掛金の前月繰越高は470,000円（フク㈱340,000、コウ㈱130,000）である
② 5/2　フク㈱から商品400,000円、コウ㈱から商品310,000円仕入れ、代金は掛けとした
③ 5/14　コウ㈱から商品100,000円を仕入れ、代金は掛けとした
④ 5/24　14日に仕入れた商品のうち、30,000円が不良品だったので返品した。代金は同社に対する買掛金から差し引いた

⑤ 5/27　フク㈱へ500,000円、コウ㈱へ440,000円をそれぞれ買掛金の支払分として小切手を振り出した
⑥ 月末で締切り、翌月に繰越しなさい

▼買掛金元帳に記帳した様子

買掛金元帳（コウ株式会社）

取引内容を記入　　　　　　　残高の位置

	日付		摘要	借方	貸方	借/貸	残高
①	5	1	前月繰越		130,000	貸	130,000
②		2	仕入		310,000	〃	440,000
③		14	仕入		100,000	〃	540,000
④		24	返品	30,000		〃	510,000
⑤		27	支払	440,000		〃	70,000
⑥		31	次月繰越	70,000			
				540,000	540,000		
	6	1	前月繰越		70,000	貸	70,000

売掛金元帳（得意先元帳）

売掛金元帳は、得意先ごとに売掛金の明細を記帳する帳簿です。得意先ごとにページがあります。以下の例を通じて、売掛金元帳の構造と記帳方法を確認しましょう。

例題で確認

例　次の取引を売掛金元帳（アイ㈱）に記入しましょう。
① 3/1　売掛金の前月繰越高630,000円（オオイ㈱380,000、アイ㈱250,000）です
② 3/2　アイ㈱に商品210,000円、ヨコ㈱に商品180,000円を掛けで売り上げた
③ 3/14　アイ㈱に商店240,000円を掛けで売り上げた
④ 3/24　14日に売り上げた商品から、40,000円返品された。代金は同社に対する売掛金から差し引いた
⑤ 3/27　アイ㈱から売掛金460,000円を小切手にて回収した
⑥ 月末で締切り、翌月に繰越しなさい

▼売掛金元帳に記帳した様子

売掛金元帳（アイ株式会社）

取引内容を記入　　　　　　　　残高の位置

	日付		摘要	借方	貸方	借/貸	残高
①	3	1	前月繰越	250,000		借	250,000
②		2	売上	210,000		〃	460,000
③		14	売上	240,000		〃	700,000
④		24	返品		40,000	〃	660,000
⑤		27	入金		460,000	〃	200,000
⑥		31	次月繰越		200,000		
				700,000	700,000		
	4	1	前月繰越	200,000		借	200,000

商品有高帳

　商品有高帳は、商品ごとに在庫を管理するための帳簿です。仕入れを「受入れ」、売上げを「払出し」としてそれぞれ数量、仕入原価、金額を管理します。商品有高帳の単価欄はすべて仕入原価で記入することに注意しましょう。

　同じ商品でも仕入れる時期や数量によって1個あたりの仕入原価が変動します。そのため払い出す時に、どの仕入原価のものから払い出すか（払出単価という）を決める記帳方法として、2とおり用意されています。

> **記帳方法**
> - **先入先出法**　先に受入れた商品から、順番に払い出すと仮定して、払い出す商品の単価（払出単価）を決定する方法です。
> - **移動平均法**　受入れのつど商品の平均単価を計算して、その平均単価を払出単価とする方法です。

　以下の例題を通じて、商品有高帳の構造と2とおりの記帳方法を確認しましょう。

例題で確認

例 10月中のA商品の売買取引について、先入先出法により商品有高帳を記入しなさい。10月中の売上高、売上原価より売上総利益を計算しなさい。

① A商品の前月繰越額は90,000円（数量30、仕入原価3,000円）である
② 10/3 仕入 30個 原価@3,000円
③ 10/7 売上 40個 売価@8,700円
④ 10/10 仕入 80個 原価@3,200円
⑤ 10/28 売上 70個 売価@8,900円

なお、商品有高帳は、商品の単価を仕入原価で管理しているため、売上原価が把握できます。

▼商品有高帳に記帳した様子 （先入先出法）

商品有高帳
A商品

	X年	摘要	受入 数量	受入 単価	受入 金額	払出 数量	払出 単価	払出 金額	残高 数量	残高 単価	残高 金額
①	10/1	前月繰越	30	3,000	90,000				30	3,000	90,000
②	3	仕入	30	3,000	90,000				30+30=60	3,000	180,000
③	7	売上				40	3,000	120,000	20	3,000	60,000
④	10	仕入	80	3,200	256,000				20	3,000	90,000
									80	3,200	256,000
⑤	28	売上				20	3,000	60,000			
						50	3,200	160,000	30	3,200	96,000

記帳方法（先入先出法）／取引内容／仕入れた数量、仕入原価、金額／売上げた数量、仕入原価、金額
数量×単価
上記単価と同じ場合、数量を加算
単価3,000のものから40個引き出す
仕入単価が変わった
先に受け入れた順に単価ごとでくくる：10/3受入れ分の残高／10/10受入れ
先に払い出した順に単価ごとでくくる：10/3に受け入れたものを払い出す／10/10に受け入れたものを払い出す
10/10受入れ分の残高

10月中の売上高	¥971,000
売上原価	¥340,000
売上総利益	¥631,000

 ③ 40個 × 8,700（売価） = 348,000
⑤ 70個 × 8,900（売価） = 623,000

 商品有高帳の払出金額の合計が売上原価である
(120,000+60,000+160,000)

 10月中の売上高 - 売上原価 = 売上総利益

例題で確認

例 上記の例について、移動平均法により商品有高帳のみを記入しなさい。

▼商品有高帳に記帳した様子 (移動平均法)

商品有高帳

(移動平均法)　　　　　　　　A商品

	X年		摘要	受入			払出			残高		
				数量	単価	金額	数量	単価	金額	数量	単価	金額
①	10	1	前月繰越	30	3,000	90,000				30	3,000	90,000
②		3	仕入	30	3,000	90,000				60	3,000	180,000
③		7	売上			0	40	3,000	120,000	20	3,000	60,000
④		10	仕入	80	3,200	256,000				100	3,160	316,000
⑤		28	売上	仕入単価が変わった			70	3,160	221,200	30	3,160	94,800

数量：20個+80個 = 100個
金額：60,000 + 256,000 = 316000
平均単価：316,000 ÷ 100 = 3,160

固定資産台帳

固定資産台帳とは、所有する固定資産情報を管理する帳簿です。
以下に構造と記帳例を示します。

▼固定資産台帳

固定資産台帳

X6年3月31日現在

取得年月日	名称	期末数量	耐用年数	償却方法	期首(期中取得)取得原価	期首減価償却累計額	差引(期中取得)帳簿価額	当期減価償却費	期末帳簿価額
X4年4月1日	備品A	1	8	定額法	288,000	36,000	252,000	36,000	216,000

固定資産の基本情報

期首取得原価－期首減価償却累計額

差引帳簿価額－当期減価償却費

簿記っておぼえることがたくさんあるんですね

そうだね。だけど大事なのは、簿記の一連の流れを理解することだ

仕訳に始まり、決算書を作成するまでのながれですね

実際に手を動かすと簿記が極めてシステマティックにできていることが分かる。だからこれからも簿記の勉強を続けてほしい。実は、本書で取り上げたのは簿記の基本にすぎない。でも基本を押さえておけば新しいことも必ず理解できる

私にとっては大きな一歩でした

それじゃあ二歩目を踏み出そうか。ではこの練習問題を解きなさい

おに

索引

■数字

3伝票制 292
5大カテゴリー 24, 27, 30, 34, 38, 45, 77, 134, 231
5大カテゴリーの位置 25
8桁精算表 109

■アルファベット

B
B/S 22, 93
Balanse Sheet 22

I
ICカード 80, 81

P
P/L 22, 93
Profit and Loss Statement 22

T
Tフォーム 55, 56, 57, 59, 61, 64, 66, 69, 70, 71, 74, 78, 80, 88, 91, 93, 94, 95, 97, 99, 100, 104, 105, 107, 108, 117, 120, 121, 123, 124, 135, 137, 145, 146, 152, 175, 177, 178, 180, 181, 229, 244
Tフォームへの転記 59

■五十音

あ
相手勘定科目 57, 58, 59
足ふきマット 86
預り金 160, 162
後払い 150, 189

い
椅子 102
一部現金取引 294
印紙税 47
印紙税法 47
インターネット料金 49
インプレストシステム 211, 213

う
受取商品券 221, 222
受取地代 206, 207, 210, 251
受取手形 169, 171, 172, 236
受取手形記入帳 306
受取手数料 206, 209, 210
受取人 167
受取家賃 206, 208, 210, 250
受取利息 82, 203, 204, 205
売上 27, 43, 44, 46, 56, 84, 127, 289
売上額 45
売上原価 45, 98, 100, 127, 240
売上原価算定 101
売上原価の算定 95, 228
売上債権 172, 236, 237
売上諸掛 186, 187
売上総利益 45
売上代金 169, 221
売上高 127
売り上げた商品の仕入原価 45
売上帳 306
売上戻り 174, 176
売上を取り消す 174

売掛金 153, 154, 155, 172, 187, 236, 310	
売掛金と相殺 187	
売掛金元帳 311, 312	
運送費 183, 185, 186, 188	

お

オートバイ 102	
お金を貸し付ける 202	
お客様に販売する商品を購入した 28	

か

買掛金 150, 151, 184, 189, 310	
買掛金元帳 310, 311	
会計期間 22	
会計ソフト 72	
介護保険 162	
会社の会計期間 268	
会社の普通預金口座 33	
会社パンフレット 42	
会社法 147, 149	
回収不能な売上債権 172	
会費 49	
改良 208	
各種会費の支払い 49	
確定金額 129	
掛け代金 151, 153	
掛け取引 150, 288, 310	
火災保険 159	
貸方 19, 21, 25, 32	
貸方合計 115	
貸方残高 146, 236	
貸倒れ 172, 237, 239	
貸倒損失 172, 173, 236, 239	
貸倒引当金 237, 238, 239	
貸倒引当金繰入 237, 239	
貸倒引当金の設定 95, 228	
貸付金 202, 205	
貸付金の返済 203	
貸付利息 82	
課税期間 268	
株式 15	
株式会社 15, 147	
株式会社設立 14	
株主 147	
株主総会 123, 147, 149	
借入金の返済 198	
仮受金 219, 220	
仮受消費税 270, 272	
借方 19, 21, 25, 32	
借方合計 115	
仮払金 77, 78, 79, 80, 81, 285	
仮払金勘定 80	
仮払消費税 268, 272	
仮払法人税等 279	
勘定科目 24, 30, 33, 35, 38, 40, 41, 46, 54, 56, 57, 59, 77, 81, 82, 84, 85, 87, 89, 96, 98, 102, 105, 106, 109, 110, 112, 121, 134, 140, 141, 145, 148, 150, 153, 155, 156, 160, 161, 162, 164, 167, 169, 172, 180, 186, 189, 194, 197, 198, 199, 202, 206, 207, 208, 209, 211, 215, 217, 219, 220, 237, 244, 268, 270, 296	
間接法 104, 105, 106, 243	

き

期首 22, 135, 136	
期首から試算日までの発生総額 73	

317

期首繰越商品	240
期首の総勘定元帳	136, 138
擬制法	295
切手代	49
ギフトカード	222
期末	22
期末商品棚卸高	98, 101, 240
逆仕訳	138
給与総額	162
給料	54, 160, 162
金券	221
銀行名	140, 141
金利	140

く

クリーニング代	85
繰越	74, 93, 94
繰越試算表	94, 117, 123, 126, 127, 129, 130, 131
繰越商品	98, 99, 100, 101, 129, 240, 241, 242, 289
繰越商品勘定	101
繰越処理	136
繰越利益剰余金	121, 123, 127, 148
繰越利益剰余金勘定	94, 117, 123, 127, 129, 131
クレジット売掛金	155, 156, 172
クレジットカード	155, 156

け

軽減税率	275
決済専用口座	139
決済手数料	155, 156
決算	23, 93, 226, 268, 270
決算時のみ使用する勘定科目	98
決算書	18, 22, 262
決算整理後残高試算表	93, 94, 95, 107, 108
決算整理事項	93, 94, 95, 107, 108, 226, 228
決算整理仕訳	93, 94, 95, 107, 108, 111, 229, 259
決算整理前残高試算表	93, 94, 95, 107, 108, 109, 110, 227, 231, 259
決算手続き	93
決算振替仕訳	118
決算本手続き	93, 127
決算予備手続き	93, 108
欠品商品	45
減価	102
減価償却	102, 103, 106, 243
減価償却処理	157
減価償却費	102, 103, 104, 106, 193, 243, 244
現金	27, 28, 33, 34, 44, 48, 51, 56, 78, 79, 83, 84, 86, 88, 151
現金過不足	87, 88, 90, 91, 231, 233
現金過不足が生じた際の仕訳	89
現金過不足勘定	88
現金過不足精算の仕訳	233
現金過不足の原因が不明	91
現金過不足の精算	95, 228
現金過不足の振替先	232
現金勘定	74, 80
現金勘定の締切と次期への繰越	124
現金残高	87
現金出納帳	302
現金預金	134
現金を引き出す	34
健康保険	160, 162, 163

源泉所得税	160	コピー用紙	85, 86
源泉徴収税	162	固有資産税	207

こ

公課	48	雇用保険	162, 163
高額な物品	37	梱包費	185, 188

さ

再振替仕訳	136, 137, 138, 230
財務諸表	22, 93, 108, 112, 117
差入保証金	206, 209, 210
雑益	231, 232, 233
雑損	231, 232, 233
雑費	85, 86
算整理前残高試算表	108
残存価額	102, 103
残高試算表	69, 109, 126, 227
残高試算表欄	109
サンプル	42
三分法	45, 289, 290, 291

合計残高試算表	69, 70
合計試算表	69
広告	41
広告宣伝費	41, 42
工場	102
公証役場	16
厚生年金保険	162, 163
厚生年金保険料	160
交通費	81
購入金額	157, 206
小切手	83, 84, 139, 140, 142, 145, 151, 166, 177, 288
小切手の仕組み	143, 144
小切手を振り出した時	144
小切手を振り出す	142
小口現金	211, 213
小口現金出納帳	308
ご祝儀	232
個人事業主の場合の資本振替	122
個人事業主の報酬	54
固定資産	102, 106, 157, 243
固定資産税	207
固定資産台帳	314
固定資産の減価償却	95, 102, 228, 243
固定資産売却益	193, 194
固定資産売却時の利益	194
固定資産売却損	194
固定資産名	106
コピー機	38

し

仕入	28, 39, 40, 84, 98, 99, 101, 127, 289
仕入勘定	98, 99, 100, 101
仕入原価	43, 98, 99, 100, 240, 289
仕入先元帳	310
仕入諸掛	183, 184, 185
仕入代金	151
仕入帳	305
仕入戻し	174, 175, 176
次期	22
敷金	209
次期繰越	123
事業に関係する税金の支払い	48
事業主貸	54
事業用車両の自動車税	48
資金	19

319

自己資金 15	社会保険料預り金 161, 162
資産 19, 24, 26, 35, 38, 61, 67, 81, 94, 96, 97, 98, 101, 105, 123, 126, 127, 136, 140, 153, 154, 155, 156, 165, 179, 185, 194, 205, 206, 208, 209, 210, 213, 217, 272	社会保険料の会社負担分 162
	借入金 19, 197, 200
	借用証書 200, 202, 204
	借用証書のイメージ 197, 199, 202
	社用車 157, 159, 245
	社用の車 102
	車両 102, 157, 243
資産カテゴリー 27	車両運搬具 157, 158
資産勘定 113, 249	車両減価償却累計額 244
試算日時点での残高 73	収益 20, 24, 46, 82, 126, 173, 194, 205, 207, 208, 209, 210, 232
資産のマイナス 106, 239	
試算表 23, 69, 71, 72, 73, 125, 126, 296	
	収益カテゴリー 27
	収益勘定 113, 117, 127
地震保険 159	収益勘定の決算振替仕訳 118
自治体が発行する商品券 222	収益勘定の振替 118
自動車の任意保険 159	収益の勘定名 250, 256
自動車保険 159	収益の前受け 95, 228, 250
支払期日 167, 168, 171, 216, 217	収益の未収 228, 256
支払地代 49, 51, 247	従業員 54, 160, 161, 164
支払手形 167, 168	従業員貸付金 205
支払手形記入帳 307	従業員立替金 164, 165
支払手数料 49, 51, 53, 156	従業員に支払う報酬 160
支払保険料 159, 246	修正仕訳 71
支払家賃 49, 51, 247, 253	修繕費 208, 210
支払利息 198, 200	収得原価 157
資本 19, 24, 26, 33, 35, 67, 123, 126, 136, 148, 149, 214	収入印紙 47, 48, 96, 97, 136, 229
	宿泊費 81
資本勘定 94, 113, 123	出金伝票 292, 293, 294
資本金 33, 35, 57, 214	出資 15
資本振替 121	出資者 15
事務所 102	出張 77
事務用机 102	取得原価 103
締切 74, 93, 94, 117	
社会保険料 160, 161, 162	

主要簿 32, 93, 94, 95, 107, 108, 135	仕訳日計表 292, 296, 299
純資産 19, 24, 127	仕訳のポイント 195
純損失 115	仕訳ミスの修正記入 95
償却債権取立益 173	仕訳もれ 94
商工団体の会費 49	仕訳を総勘定元帳に転記 55
消費税 268, 274	信販会社 155
消費税額の計算 270, 275	信用取引 237, 310

す

証ひょう 281, 284	水道光熱費 49
商品 40, 43, 129	水道代 49
商品有高帳 312, 313, 314	スマートフォン 86

せ

商品券 221, 222	請求書 281, 283
商品仕入 40	請求書兼納品書 282
商品代金 83	税金 53, 162, 268
商品の売り渡し 27	税金の納付書 284
商品の返品 174	税込方式 268, 274, 275
商品を購入 39	精算 231
消耗品費 85, 86, 211	精算表 93, 94, 95, 107, 108,
賞与 54	109, 110, 111, 112, 115,
剰余金 182	116, 117, 121, 259, 262
諸会費 49, 51, 247	税抜方式 268, 270, 273
諸勘定 126	整理記入 109
諸口 59	前受○○ 250
所得税預り金 161, 162	前期 22, 135
処分 147	前期繰越 123
所有ビル 207	洗剤 85, 86
仕訳 23, 24, 35, 56, 59, 61,	宣伝 42
63, 69, 84, 98, 101, 104,	先方負担 184, 185, 187, 188
105, 134, 140, 185, 187,	

そ

188, 223, 274, 281	総勘定元帳 23, 30, 55, 72, 73, 74,
仕訳週計表 296	93, 94, 117, 123, 126,
仕訳帳 23, 26, 27, 28, 30, 33, 34, 38,	127, 129, 135, 136, 191,
40, 41, 44, 51, 53, 55, 78, 79,	224, 225, 296, 299, 301
82, 88, 94, 99, 135, 292, 299	
仕訳帳の構成 299	

321

総勘定元帳のイメージ 56
送金小切手 84
倉庫 102, 206, 207, 243, 250
倉庫の修理と改修 208
増資 214
租税 48
租税公課 .. 47, 48, 96, 136, 137, 207, 229
租税公課勘定 96, 97, 136
損益 117, 123, 127
損益勘定 94, 117, 121, 123,
127, 128, 129
損益勘定の当期純利益から繰越利益剰余金
への振替仕訳 122
損益計算書 18, 20, 22, 24, 25,
93, 94, 101, 109, 111,
115, 117, 123, 127,
128, 129, 131, 262
損益計算書欄 113, 114, 115
損益振替 118
損失 115, 121
損失が出た場合 21

た
貸借 56
貸借対照表 18, 19, 22, 24, 25,
93, 94, 109, 111,
123, 127, 263
貸借対照表欄 113, 115, 117, 129, 131
貸借平均の原則 72
対照表 130
耐用年数 102, 103, 106
立替金 165, 184, 185, 187, 188
立替金勘定 185
建物 102, 206, 207, 208, 209, 210
建物減価償却累計額 244

建物の購入 206
建物の賃借 209
建物を賃貸する 208
棚卸し 98
他人振り出しの小切手を受け取った時
.... 144
他人振り出しの小切手を使って支払った時
.... 144

ち
駐車場 102
駐車場代 49
駐車場の賃借料 49
注文 180
帳簿 55, 87
帳簿価額 157, 191, 193
直接法 104
貯蔵品 96, 97, 98, 136, 229
貯蔵品勘定 96, 136, 230
貯蔵品への振替 95, 228
チラシ広告 42
賃借している建物や倉庫の賃借料の支払い
.... 49
賃借している土地の賃借料の支払い 49
賃貸契約 209

つ
通貨代用証券 84
通信費 49, 50, 229
通信費勘定 97
月割り 103, 106
机 38

て
定額資金前渡制度 211, 213
定額法 103, 106, 243, 244
定款 16

定期預金〇〇銀行 141	当座借越 234, 235, 236
定期預金口座 139, 140	当座借越契約 145, 234
訂正仕訳 223, 224, 225	当座借越の処理 95, 228
訂正仕訳の手順 225	当座借越への振替 234
手形 215	当座勘定照合表 284
手形貸付金 204, 205	当座預金 139, 140, 142, 145, 146, 236
手形借入金 199, 200	当座預金〇〇銀行 140
手数料 209	当座預金口座 139, 140, 166, 167
手付金 177, 180, 182	当座預金口座の名義人 145
手付金支払い 178	当座預金出納帳 304
手元の現金 34	当社負担 183, 185, 186, 188
転記 23, 24	盗難による損失 232
電気代 49	得意先元帳 311
転記のルール 56	特別法人事業税 279
電子記録債権 172, 215, 217	土地 102, 206, 207, 209, 210
電子記録債権が減少するタイミング 218	土地以外の有形固定資産売却時の仕訳
電子記録債権が増加するタイミング 218	 195
電子記録債務 215, 216, 217	土地の購入 206
電子記録債務が減少するタイミング 218	土地を賃貸する 207
電子記録債務が増加するタイミング 218	トラック 102
天引き 53	取消 56
伝票 292	取締役 54
店舗 33, 37, 85, 102	取引 24, 26, 134
店舗や事業所の固定資産税 48	取引銀行 216, 217
店舗や倉庫の敷地 102	取引停止処分 167
店舗家賃 49	**な**
電話代 49	内容不明な入金 219
と	**に**
トイレットペーパー 85	入金伝票 292, 294
当期 22	入金理由 220
当期財務諸表 93	入出金明細表 288
当期純損失 20, 115	任意保険 159
当期純利益 20, 115, 116, 121, 127	**の**
登記料 206	納品書 281, 283

323

納品書兼領収証 37, 39
納付書 286
ノートなどの事務用品 85

は

配当 147, 148, 149
配当金 148, 149
パソコン 38, 102
罰金 232
発生 56
発送費 186
販売価格 43, 289

ひ

引取運賃 183
備品 37, 38, 86, 102, 103, 104,
　　　　　　105, 129, 189, 191, 193, 243
備品勘定 105, 191
備品原価償却累計額 105, 129
備品の売却処理 193
費用 20, 24, 26, 40, 41, 42, 48,
　　　　　　54, 67, 81, 85, 86, 96, 97,
　　　　　　101, 104, 106, 126, 127, 162,
　　　　　　172, 173, 186, 188, 194, 200,
　　　　　　207, 208, 210, 232, 239, 253
費用勘定 114
費用勘定の決算振替仕訳 119
費用勘定の振替 118, 119
費用の勘定名 246, 253
費用の前払い 95, 228
費用の未払い 228, 253

ふ

複式簿記 18, 45, 71, 72
複数の定期預金口座 141
福利厚生 161

負債 19, 24, 26, 94, 123, 126, 127,
　　　　　　136, 148, 162, 168, 180, 182,
　　　　　　190, 200, 217, 220, 235, 272
負債及び純資産 19
付随費用 103, 157
普通預金 33, 34, 35, 44,
　　　　　　50, 51, 53, 61, 82
普通預金勘定 57, 61, 66, 74
普通預金口座 16, 34, 139, 146
普通預金通帳 82
不明な入金 219, 220
振替 96, 98, 136, 229
振替仕訳 229, 231
振替伝票 292, 293, 295
振込依頼書 284
振込み時手数料 49
振込手数料や証明書の発行手数料 49
振り出した約束手形 168
振出人 142, 167
不渡りを出す 167
分記法 289, 290, 291

へ

別の勘定科目に振替える処理 91
返済 199
返済時の仕訳 205
返品の処理 174, 175

ほ

報酬 53, 54
法人事業税 279
法人住民税 279
法人税 279, 286
法人税等 279
法人税の中間申告 286
法人にかかる税金 279

法定耐用年数 103, 106
法定福利費 161, 162
法務局 16
ホームページ 42
簿記の流れ 23
保険金 232
保険料 53, 159, 183, 185, 188
補助記入帳 302
補助元帳 310

ま

前受＋収益名 252
前受地代 250
前受手数料 252
前受家賃 250, 252
前払＋費用名 249
前払金 177, 179, 180
前払地代 246
前払保険料 246, 249
前払○○ 246
前払家賃 249
間違った仕訳 225
○○勘定 55
○○減価償却累計額 102, 106
○○備品減価償却累計額 106

み

未収＋収益名 257
未収処理 95
未収手数料 256, 257
未収入金 193, 194
未収○○ 256
未収家賃 256, 257
未処理取引の仕訳 95
未払＋費用名 254
未払金 189, 190

未払消費税 270, 272
未払い処理 95
未払手数料 254
未払配当金 148, 149
未払法人税等 279
未払保険料 253
未払○○ 253
未払家賃 253, 254

や

役員 53, 205
役員貸付金 205
役員報酬 53, 54
約束手形 139, 166, 167, 169,
　　　　　　　　171, 199, 200, 204, 215
約束手形の仕組み 166
約束手形を振り出す 167
家賃 49, 250

ゆ

有形固定資産 157, 158, 206, 208
郵便為替証書 84
郵便切手 97, 229

よ

預金 82
預金口座 82, 219
預金利息 82
予約金 180

ら

来期 22
来客用お茶菓子 85

り

利益 108
利益が出た場合 21
利益準備金 147, 148
利益剰余金 149

利息 82, 199, 204
利息の受け取り 203
利息の支払い 198
利息を受け取る 82
領収書 47, 85, 281, 283, 285
領収証 47
領収証書 286
領収証のイメージ 43
旅費交通費............... 77, 78, 79, 81, 211
旅費交通費勘定 80
旅費精算書............................. 284, 285

ろ

労災保険 163
労働基準監督署 163
労働保険料.............................. 160, 163

●著者略歴
菊地　美穂子（きくち　みほこ）
株式会社ライブウェイシステムズに勤務。
システム開発、Web制作に従事しつつ、パソコン教室「パソコンカレッジ」のインストラクターも務めている。
趣味は、ドライフラワーを手に入れるために地元で開催されるイベントをまめに探して出向くこと。欲しいものはなかなか見つからない。
好奇心が旺盛で、人がやっていることにすぐ首をつっこみたくなり、今はピラティスのインストラクターも目指している。

カバーデザイン・イラスト　mammoth.

簿記のツボとコツが
ゼッタイにわかる本[第2版]

| 発行日 | 2024年 11月24日 | 第1版第1刷 |

著　者　菊地　美穂子

発行者　斉藤　和邦
発行所　株式会社　秀和システム
　　　　〒135-0016
　　　　東京都江東区東陽2-4-2　新宮ビル2F
　　　　Tel 03-6264-3105（販売）Fax 03-6264-3094
印刷所　三松堂印刷株式会社　　　　Printed in Japan
ISBN978-4-7980-7298-2 C2034

定価はカバーに表示してあります。
乱丁本・落丁本はお取りかえいたします。
本書に関するご質問については、ご質問の内容と住所、氏名、
電話番号を明記のうえ、当社編集部宛FAXまたは書面にてお送
りください。お電話によるご質問は受け付けておりませんので
あらかじめご了承ください。